数字经济的发展研究

刘亚威　著

延吉·延边大学出版社

图书在版编目（CIP）数据

数字经济的发展研究 / 刘亚威著. -- 延吉 : 延边大学出版社, 2023.6

ISBN 978-7-230-05115-6

Ⅰ. ①数… Ⅱ. ①刘… Ⅲ. ①信息经济－经济发展－研究－中国 Ⅳ. ①F492.3

中国国家版本馆 CIP 数据核字(2023)第 107233 号

数字经济的发展研究

著　　者：刘亚威
责任编辑：徐　艳
封面设计：延大兴业
出版发行：延边大学出版社
社　　址：吉林省延吉市公园路 977 号　　邮　　编：133002
网　　址：http://www.ydcbs.com　　E-mail：ydcbs@ydcbs.com
电　　话：0433-2732435　　传　　真：0433-2732434
制　　作：山东延大兴业文化传媒有限责任公司
印　　刷：三河市嵩川印刷有限公司
开　　本：787×1092　1/16
印　　张：12.25
字　　数：150 千字
版　　次：2023 年 6 月 第 1 版
印　　次：2024 年 1 月 第 1 次印刷
书　　号：ISBN 978-7-230-05115-6

定价：62.00 元

作 者 简 介

刘亚威，男，汉族，河北石家庄人，助理研究员，加入湖南省社会科学界联合会，2017 年 4 月在巴黎第十三大学经济学专业获研究生学历、经济学硕士学位，主要从事科研组织工作。研究方向：信息经济学、数字经济。

前　言

在当前的“互联网+”时代下，数字技术在各个领域中得到了广泛推行，加速了世界经济的发展。当前，世界经济也开始朝着数字经济的方向转变，各个国家纷纷将数字经济作为促进经济转型、提升综合竞争力的先导手段，我国也将数字经济作为目前以及后续一段时间的重点发展战略，数字经济在各个国家的发展已经取得了明显效果。根据我国的实践来看，数字经济已经成为助推经济增长的重要力量。在这一背景下，探索数字经济的内涵和发展路径研究十分必要和重要。

本书共分为七章。第一章进行数字经济概述，分别介绍数字经济产生的背景和价值、数字经济的内涵与特征、数字经济发展面临的挑战及发展数字经济的意义、数字经济的发展趋势与方向。第二章研究数字生产力发展，分别介绍数字生产力技术基础和应用范围、数字生产力发展的短板、数字生产力的研究现况和实践特征。第三章研究数据要素化和要素数据化发展，分别介绍数字经济理论之要素理论分析、数字经济理论之数据理论分析、数字要素化发展、要素数据化发展。第四章研究数字经济互联网平台化的发展，分别介绍消费互联网和产业互联网的发展现状、产业互联网平台发展为数字孪生化平台、消费互联网和产业互联网平台经济垄断、数字产业化平台和产业数字化。第五章研究数字金融发展，分别介绍金融创新和科学技术创新、数字金融的发展现况和改善对策、产业数字金融、经济高质量发展的数字金融驱动机制与路径。第六章研究数字治理发展，分别介绍数字治理概述、数字治理基础设施体系的建设、数字治理营商环境的打造、数字治理的沙盒监管。第七章研究数字经济发展的困境与现代化发展路径，分别介绍数字经济发展的影响因素与困境、数字经济发展的现代化路径。

笔者在撰写本书的过程中，参考了大量的文献资料，在此对相关文献资料的作者表示由衷的感谢。此外，笔者由于时间和精力有限，书中难免会存在不妥之处，敬请广大读者和各位同行予以批评指正。

目　录

第一章　数字经济概述

第一节　数字经济产生的背景和价值

一、数字经济产生的背景

（一）数字经济产生的基础

20 世纪 90 年代，受技术发展、社会环境改变和经济发展等因素影响，“数字经济”这一概念产生了。在这一时期，互联网的公共商业化应用逐渐铺陈开来，信息与通讯技术（Information and Communication Technology,ICT）及相关硬件的发展构建了数字经济的技术基础。与此同时，随着社会进入信息知识大爆炸的时代，经济结构开始从物质型向信息型转变。人们对知识和信息的渴求进一步加速了数字化发展，人均教育水平的提升也使得数字化变革更易被熟悉和认同，并由此促进信息与通讯技术的社会化融合。

在经济方面，美国经济自 1991 年到 2001 年经历了十年的长期增长，并出现了“两高两低”（高经济增长率、高生产增长率、低失业率和低通货膨胀率）的繁荣景象。美国的这次经济腾飞，极大程度上得益于电子通信技术的发展。1993 年，克林顿政府正式推出“国家信息基础设施”工程计划（National Information Infrastructure,NII），该计划在全美构建了遍及全国城市与乡镇的“信息高速公路”，不仅带动了经济的发展，也推动了社会加速进入数字化时代。

（二）数字经济概念的提出

加拿大商业战略大师唐·泰普斯科特于 1995 年正式出版了其经济学著作《数据时代的经济学》（*The Digital Economy*），“数字经济”这一概念由此被正式提出，并逐渐广泛流行开来。2001 年，美国前统计局主管、统计学及经济学家托马斯·梅森博格将数字经济定义为三大类：电子业务基础设施（e-business in frastructure）、电子业务（e-business）以及电子商务（e-commerce）。电子业务基础设施包括软件、硬件、电信、网络，以及人力资源等能够支撑电子业务发展的基础设施。电子业务是指公司或机构使用电子业务基础设施进行的业务活动。电子商务则包括所有基于电子基础设施进行的商业活动。世界经济合作与发展组织（Organization for Economic Cooperation and Development,OECD）发表的一篇报告中指出，信息与通讯技术（ICT）是未来加速生产力发展的重要技术。自 20 世纪 90 年代以来，OECD 开始不断强调数字经济在经济增长中的重要地位，世界各国都将发展数字经济作为重要的战略发展方向之一。

（三）数字经济发展的政策推进

在数字经济发展初期，各国政府先后出台相关政策加强 ICT 基础设施的建设。新加坡自 1981 年开始，先后实施并完成了“国家电脑化计划”“国家

IT 计划”“IT 计划”“Infocomm 21”和“全联新加坡计划”，使得新加坡在家用电脑家庭互联网接入、家庭宽带与企业宽带接入、移动电话普及等方面获得了巨大的发展。日本在 2009 年为应对日渐疲软的经济环境，紧急出台了宏观性的指导政策“ICT 新政”，其实施性文件——《“数字日本创新计划”（ICT Hatoyama Plan，亦称 ICT 鸠山计划）纲要》，成为日本随后 3 年中优先实施的政策。英国于 2009 年推出了“数字大不列颠”行动计划，推动英国宽带基础设施建设以及 ICT 技术产业的发展，将之作为应对经济危机的关键，并在 2010 年 4 月颁布并实施了《数字经济法 2010》，加强对数字产品的管理以及版权的保护。澳大利亚在 2011 年 5 月 31 日启动了国家数字战略，涉及宽带建设、在线教育等 8 项具体目标。如今，大部分国家及地区已完成数字化的第一个阶段——数字化基础设施建设及普及，并相继步入下一阶段，即加强数字化设施的深层次应用与创新，并深化其对经济的正面影响。

（四）数字经济发展的作用

数字经济，作为一种新兴的经济体，对经济增长的促进作用正在逐步深化。牛津经济研究院和埃森哲的一项研究显示，各国国内生产总值与其数字化程度显著相关，数字化程度每提升 10%，将为该国 GDP 贡献 1%的增长。2016 年二十国峰会（G20）上由中国主持起草的《二十国集团数字经济发展与合作倡议》指出：数字经济正在经历高速增长、快速创新，并广泛应用到其他经济领域中。数字经济是全球经济增长日益重要的驱动力，在加速经济发展、提高现有产业劳动生产率、培育新市场和产业新增长点、实现包容性增长和可持续增长中正发挥着重要作用。因此，推动数字化进程对全球尤其是对中国经济的发展具有重大意义和作用。

二、数字经济的价值

数据作为一种社会核心要素资源，目前虽然具有普遍的使用价值，但其资产属性还没有充分体现。数字经济的发展目标是通过推进要素市场改革和金融创新，充分挖掘和实现数据蕴含的巨大经济和社会价值。这就需要释放数据要素的强大动能，需要洞察数据要素市场建设与数据价值实现之间的深刻关联，完成数据价值的不断演进和提升。

正如中国改革开放四十多年的市场化历程，数字经济的发展，也是从数字资源到数字资产、再到数字资本的价值化过程。数字资源的价值提升要经历几个核心的环节：第一个核心环节是确权。数据的权属包括所有权、使用权、管理权、收益权等，通过对权属的界定和权属的适当分离，配合确权登记、资产评估等一系列制度，才能实现数字资源到数字资产的跨越。第二个核心环节是交易。因为只有进行交易，才能够市场定价，数字价值才真正能够实现从资产到资本的转化。第三个核心环节是创新。在每一次经济要素改革的过程中，新的经济资产出现后都会引发一系列金融创新，来放大经济资本的价值。

这三个环节很像 20 世纪 90 年代的房地产改革。在改革之前，大家住的是公房，个人没有产权，没有交易市场，房子也没有价值。那时中国家庭最主要的资产是现金和银行储蓄。经过改革之后，房屋经过确权变成了个人和家庭的资产，通过房地产市场进行交易，就有了市场价值，变为经济资本，使得中国家庭的资产规模和财富水平一下就跃居到了世界前列。这个巨大的变化不是“5+2”“白+黑”干出来的，而是通过推进要素市场改革而爆发出来的。和土地、房产等领域的金融创新类似，通过审慎试点探索数据资产质押融资、数据资产保险、数据信托、数据资产证券化等金融创新工具，将会进一步放大数字资产和数字资本的规模和价值。

我们认为，通过建立确权制度、发展交易市场、探索金融创新，实现从原始数字资源到数字资产，再到数字资本的价值跨越，是数字经济发展的核心目标，也是服务新经济的重要实现途径，将为未来中国经济增长提供强大的资本来源，推动真正的供给侧结构性改革。

第二节　数字经济的内涵与特征

一、数字经济的内涵

数字经济是在大数据、"互联网+"时代下诞生的，是经济学领域的概念，即借助大数据的识别、选择、过滤、储存促进资源的优化配置和再生，以助推经济的高质量发展。数字经济的内涵宽泛，从目前来看，凡是能够发挥出数据手段的引导作用，促进生产力发展，都属于数字经济的范畴。从技术层面来看，数字经济的内容有云计算、大数据、区块链、5G 通信、人工智能等等；从技术角度来看，数字经济的代表有新制造、新零售等。数字经济是在农业经济和工业经济发展之后的一种重要经济形态，其发展的关键要素不同于以往的农业和工业资源，而是以数据作为主要要素，基于网络这个载体，通过信息与通讯技术的融合发展促进经济的发展，是一种全新的经济业态。步入信息时代之后，大数据、云计算等迅速发展，上述技术的发展和推动也就衍生出了数字经济模式，数字经济与传统的农业经济、工业经济有着明显差异，是一种全新的业态形式，让整个社会发生了深刻变革。2022 年 3 月，新华社联合百度发布《大数据看 2022 年全国两会关注与期待》，数字经济位列两会热搜话题第五位。

二、数字经济的特征

数字经济受到三大定律的支配。

第一个定律是梅特卡夫定律：网络的价值等于其节点数的平方。所以网络上联网的计算机越多，每台电脑的价值就越大，“增值”以指数关系不断变大。

第二个定律是摩尔定律：计算机硅芯片的处理能力每 18 个月就翻一番，而价格减半。

第三个定律是达维多定律：进入市场的第一代产品能够自动获得 50%的市场份额，所以任何企业在本产业中必须第一个淘汰自己的产品。实际上达维多定律体现的是网络经济中的马太效应。这三大定律决定了数字经济具有以下基本特征：

（一）快捷性

互联网将各个国家和地区紧密连接起来，使地球成为“地球村”，并且信息传输也能够突破时间约束，使人们的经济往来可以在较小的时间跨度上开展。数字经济属于一种速度型的经济类型，利用技术手段，能够实现信息收集、处理和应用的实时进行，大大加快了经济节奏。

（二）高渗透性

不管是网络技术还是信息技术，其渗透性功能都较强，这类技术手段极大地拉近了第一产业、第二产业、第三产业之间的距离，让三类产业之间相互融合。

（三）自我膨胀性

数字经济价值由网络节点数量来决定，由此带来的效益会表现出指数级别的增长形式。在数字经济的发展进程中，不管是优势还是劣势，都会借助于技术手段持续扩大，这就很容易出现垄断的问题。

第三节　数字经济发展面临的挑战及发展数字经济的意义

一、数字经济发展面临的挑战

第一，对数据要素的认识不足导致数据要素市场培育面临挑战。目前，数据的资产地位尚未确立，数据确权难题尚待破解，数据共享流通障碍重重，数据安全和隐私保护体系尚不健全。

第二，在数字化转型的进程中，也给国际治理体系带来了全新挑战，数字化治理的对象就是数字化世界，利用信息技术将多元主体联系起来，打造一种新型治理模式，建立全新的治理规则和治理机制，涉及的范围广泛，囊括国家、社会机构、个体，是一项非常系统且复杂的工程。

第三，数字经济发展的过程中，数字经济需要有良好的基础设施作为支撑，而目前技术手段的发展中也出现了诸多问题，现行计算系统的数据处理能力未能满足数据的指数化增长需求，可以预见的是，随着时间的推移，数据处理需求和处理能力之间的差异还将会继续扩大。

二、发展数字经济的意义

（一）为全球经济复苏和社会进步积累经验

国际金融危机之后，全球经济进入了深度调整的新阶段。新旧经济交替的图景波澜壮阔又扣人心弦：一方面传统经济持续低迷，而另一方面数字经济则异军突起。中国的实践印证了这一历程，也使得这一图景更加清晰可见。在全球信息化进入全面渗透、跨界融合、加速创新、引领发展新阶段的大背景下，中国数字经济得到长足发展，正在成为创新经济发展方式的强大动力，并不断为全球经济复苏和社会进步积累经验。

（二）供给侧结构性改革的重要抓手

发展数字经济是推进供给侧结构性改革的重要抓手。以新一代信息技术与制造技术深度融合为特征的智能制造模式，正在引发新一轮制造业变革，数字化、虚拟化、智能化技术将贯穿产品的全生命周期，柔性化、网络化、个性化生产将成为制造模式的新趋势，全球化、服务化、平台化将成为产业组织的新方式。

数字经济也在引领农业现代化，数字农业、智慧农业等农业发展新模式就是数字经济在农业领域的实现与应用。在服务业领域，数字经济的影响与作用已经得到较好体现，电子商务、互联网金融、网络教育、远程医疗、在线娱乐等已经使人们的生产生活发生了极大改变。

（三）国家竞争新优势的重要先导力量

数字经济是构建信息时代国家竞争新优势的重要先导力量。在信息革命引发的世界经济版图重构过程中，数字经济的发展将起至关重要的作用。信息时代的核心竞争能力将越来越表现为一个国家和地区的数字能力、信息能力、网络能力。

（四）科技革命和产业变革的大势所趋

发展数字经济是新一轮科技革命和产业变革的大势所趋。当前，数字技术创新和迭代速度明显加快，成为集聚创新要素最多、应用前景最广、辐射带动作用最强的技术创新领域。

（五）实现全球价值链整合与延伸

数字经济是实现全球价值链整合与延伸的关键所在。数字经济具有高度的开放性与兼容性，并可以通过自下而上的方式培育各国的经济交融，进而促进全球组织、服务和技术创新的相互交融，推动单一价值链向价值系统或者价值网络跃升。同时，数字经济通过实现数据信息的全方面、零时损的共享，能够促进全球价值链的数字化和智能化构建，进而提升全球资本与生产发展之间的对接效能，实现规模经济效应与数字经济驱动的全球化新机制。

（六）促进生产管理、研发设计的集成化发展

数字经济转变了传统的生产模式和管理模式，实现了对生产管理、研发设计的集成化发展，能够促进产业、企业之间的交融，从而打造出具有竞争力的全球价值链。

第四节　数字经济的发展趋势与方向

一、与实体经济深度融合发展

各主要国家和地区的数字经济相关战略会陆续深入实施，普遍将运用互联网、大数据、人工智能等新一代信息技术赋能先进制造业，积极推进从生产要素到创新体系、从业态结构到组织形态、从发展理念到商业模式的全方位变革突破，持续催生个性化定制、智能化生产、网络化协同、服务型制造等新模式、新业态，推动形成数字与实体深度交融、物质与信息耦合驱动的新型发展模式。数字经济和实体经济的结合能够共同助推产业结构的转型。从供给侧来看，数字经济的发展使得数字技术应用业、数字产品服务业等新业态诞生，直接赋能于产业结构的转型。产业的数字化则使传统产业模式发生了明显变化，孕育了平台经济、智慧物流、共享经济等新兴模式，并且这类新模式在与传统行业共同发展的过程中不断焕发出新的生机，能够使产业结构朝着中高端的方向发展。从需求侧来看，数字经济、实体经济的结合实现了信息的互通，传统语境下的消费者成为具有主动性的“消费商”，能够以需求拉动的方式倒逼企业对产品进行更新换代。在要素配置上，数字经济和实体经济的结合使得资本、劳动力等要素能够配置到边际报酬率更高的行业之中，为宏观层面的产业结构升级奠定了基础。另外，数字经济和实体经济的结合也显著提高了产业创新动能，利用数字化的转型契机，使得企业能够精准控制各类成本，优化企业的整个供应链，使得产品的生产更加高效化、智能化。

二、数字经济治理融合统一

数字经济治理层面上，随着数字经济推动社会经济进步的同时，大量治理问题也不断显现。数字经济治理涉及国际国内的复杂体系，不仅包括政府对数字空间的管治，也包括对网络上各种主体的治理行为。从未来发展看，需要协同政府、网民、平台、各种虚拟组织等各个主体之间的治理行为，推动数字经济“技治、法治、自治”三者的融合互动，使“工具、法律、自律”三者之间达到统一，从而推动数字经济健康发展。而大数据、人工智能、云计算、5G 等新一代信息技术，将继续加深与治理体系的融合，优化升级治理结构和治理流程，提高治理的效率和质量，使治理活动更好地服务于社会经济发展和人民生活水平的提高。

三、数字孪生从高端装备制造向全行业拓展

数字孪生技术是以实际的物理模型为基础，通过物联网、计算机、移动通信等在虚拟世界中建立实物模型映射，是当前流行的技术理论框架。在数字孪生框架下，可以搭建数字孪生制造、数字孪生医疗等产品，目前，国内关于数字孪生技术应用较多的领域就是工程建设领域，而最为热门的就是智能制造。数字孪生源于高端装备制造，因为工艺精确度要求最高，且在这个领域应用价值最大。三维设计工作站采用三维数字化设计技术和预装备技术做零件设计、装配设计，取代过去高端装备需要成千上万人手工画图的工作。全三维数字化设计研制周期缩短，返工量减少，质量更高、成本更低、国际市场上的竞争力更好。数字孪生也正在从高端制造向生活消费品制造、基础

设施领域拓展。

当前，国内掀起了数字孪生技术的研究热潮，其研究重点包括技术更迭、应用领域和制度建设。在数字孪生技术的应用过程中，不可避免地会出现制度、技术、经济方面的问题，因此，需要建立与数字孪生相关的制度。作为一种新型系统性的虚拟实践，数字孪生技术对于推进数字化时代的发展起着极为重要的作用。在数字孪生工程的实践过程中也会遇到一系列风险问题，这些问题都会影响数字孪生技术作用的发挥，具体包括几个方面：一是系统建设困难。数字孪生工程比之三维实体空间更加复杂，在顶层设计时，需要避免执着于一元化、一刀切式的管理模式。二是对强计算的依赖度较高。在人工智能的广泛使用下，强计算的核心思想对各领域产生了深刻影响，数字孪生技术将人们带入到了一个效率和理性至上的社会，质量和效率也成为这个社会中的唯一评判标准，一切都可以进行量化处理，强计算关注的只是数据计算和符号处理，这会压抑人的体验、意志和主观能动性，因此，数字孪生技术的实施也会削弱人的个性和意志。三是有人文价值隐忧。在数字孪生技术的推广下，人的本质遭到异化，也挑战着人的尊严，并且使得人的智力和体力存在退化风险，比如，数字孪生司法工程的应用能够实时监测刑事执行、司法行政和司法态势，并且在展示汇报、分析研判等领域也有着广泛使用，将司法人员从繁重的工作中解放出来，此时就容易导致人的独立思考能力、创造性思维能力遭到弱化。四是伦理风险。数字孪生工程涉及技术伦理、利益伦理和责任伦理方面的风险，为了促进数字孪生技术的发展，就需要平衡好技术、社会、人文、伦理之间的关系。重视数字孪生技术人文价值，解决目前存在的问题，充分发挥出人的主观能动性，加强宏观调控，建立科学的调控机制，实现伦理和法律的互助，共同解决数字孪生技术中出现的问题。

四、5G 加速赋能千行百业

目前，5G 商用已满 3 年，我国 5G 已迈入高速发展期。工业和信息化部数据显示，截至 2023 年 2 月末，我国 5G 基站总数达 238.4 万个，占移动基站总数的 21.9%，三家基础电信企业积极发展互联网电视（IPTV）、互联网数据中心、大数据、云计算、物联网等新兴业务。此外，移动电话用户数稳中有增，5G 用户占比不断提升。截至 2 月末，三家基础电信企业的移动电话用户总数达 16.95 亿户。其中，5G 移动电话用户达 5.92 亿户。在这一背景下，5G 赋能千行百业前景广阔。

另外，我国在 5G 领域的国际话语权得到了显著提升，专利数量也居于全球榜首，占比达到了 32.97%，远超排名第二的韩国。截至目前，我国 5G 基础设施建设已经取得了突破性的进展。如今，5G 网络已经覆盖所有地级市，覆盖了超过 98%的县城城区。5G 在垂直行业的应用生态也日趋完善，作为支撑数字经济的基础，5G 在工业、农业、服务业都有典型应用。但是，我国 5G 的发展也还面临一些瓶颈：一是缺乏颠覆性的原创理论。经过了多年发展，移动通信依然以香农理论作为基础，在 5G 的加速推进下，急需新的突破性理论支持 5G 的现代化、跨越式发展。要清醒地认识到，我国关于通信技术的创新理论较少，多是在国外理论基础上进行了创新，其发展也处于跟随模式。二是前端技术依然是由国外把控。当前，美国八大公司已经形成了完整的通信产业链，主导着全球通信技术。我国在 5G 芯片、中间件、原材料、通用器件等方面也是长期依赖国外进口，关键技术存在“卡脖子”的问题，目前，美国也在多方面遏制我国企业，因此，在下一阶段还需要加强技术研发力度。但研发需要长时间的投入，我国“缺芯少魂”的局面还没有得到扭转。三是国际交流受阻。如今，大国之间的竞争日趋激烈，我国产业发展也受到了冲击，并且当前我国在国际顶尖协会中的任职人员不多，对于学会组织的贡献度还需要继续提升。

为了使 5G 进一步赋能千行百业，还需要从几个方面来着手：一是深化技术研究，加强基础建设，增加财政投入，合理布局移动通信规划，为高校、科研机构提供足够的资金、时间和试错空间，加强人才培养，着力为通信行业的发展提供高素质人才；二是构建顶级学术交流平台，发挥社会团体、行业组织的力量，将当前各类学术交流平台做强、做大，不断提高我国的核心影响力。

五、开始出现通用人工智能的萌芽

人工智能最早诞生于 19 世纪 50 年代，由麦卡锡提出，因此，麦卡锡也被称为“人工智能之父”。人工智能简称 AI，是计算机科学的分支，是以大数据、专家系统为基础的一种量子计算、机器学习方式，是一种与人类智能相似的科学技术。从广义层面来看，人工智能是拥有对环境数据做出反应的一种科技手段；从狭义角度来看，人工智能属于超强的智能机器，也是一门综合性的学科。人工智能集语言学、心理学、计算机科学等多门学科于一体，利用技术手段为机器赋予人的能力和特征，能够模仿人的思维，甚至替代人类完成各种任务。根据对智能定义的不同，可将人工智能划分为弱人工智能和强人工智能两类。如今，整个社会正处在从弱人工智能到强人工智能的阶段。弱人工智能没有自我意识，可以按照人类的需求和想法来执行命令，人们日常生活中使用的人工服务平台、智能导航、语音识别等都是弱人工智能，从本质来看，弱人工智能依然是一种工具；强人工智能也被称为“通用人工智能”，与人类一样具有创造力意识和主观能动性，并且能力要强于人类。

在人工智能的发展进程中有三个关键要素，即数据资源、核心算法和计算能力，只有在这三个要素上持续突破，方可促进人工智能技术的深层次发展。人工智能的发展经历了三个重要阶段：第一阶段是20世纪50—60年代，人工智能的概念被首次提出，这一阶段的研发重心在于机器翻译方面，主要的应用原理包括搜索算法、知识表达等；第二阶段是20世纪70—80年代，专家系统诞生，在这一阶段，算法持续发展，并且在计算机硬件水平、半导体技术的发展下，人工智能技术手段得到了继续突破，其耗费的成本也逐渐降低；在20世纪末期，人工智能的研发进入第三阶段，这一阶段更加关注数据应用，强调人工智能的自主学习能力，这时深度学习理念诞生，在移动互联网技术的发展下，人工智能应用场景也变得更为丰富。

如今，人工智能既支持语音功能，在视觉识别上也得到了技术性的突破。进入了后移动时代之后，互联网发展迅速，一些红利会在互联网社会的发展中慢慢消失，因此，各国也将发展目标集中在人工智能战略的实施上，西方国家和我国都在积极构建云端人工智能服务系统。我国人工智能技术发展取得了突破性的进展，在各类先进技术的支持下，取得了明显的研究成果，如，阿里巴巴聚焦于工业大脑、医疗大脑以及其他领域，逐步实现了深层次突破，极大地方便了人们的日常生活，满足了社会发展需求。当前，人工智能技术的应用过程中也逐渐出现了一些问题，比如模型和算法缺乏透明度、决策逻辑性不够等等，这会影响人工智能在一些关键领域的应用，因此，下一阶段人工智能技术的发展方向是尽可能提升其可解释性，实现数据的结构化处理，大力推进知识驱动，实现知识驱动、数据驱动的深度结合，提高人工智能的决策能力和推理演变能力。

人工智能技术能够模拟人的思想和行为，并把人的思维能力和行动方式赋予机器。综合来看，人工智能具有几个特点：一是学习能力强大。能够从人的思维逻辑角度出发，对各类非线性问题进行处理。人工智能还具有较强的潜力，能够学习、模拟各类新的数据信息，对信息进行整理和转化，通过整合各类低层次信息，形成新的学习体系和信息库。二是高效处理未知问题。在计算机的运行过程中，会出现一些未知、模糊的语言，为了保障网络环境的安全性，需要通过人为方式进行管控，但是在实际操作过程中还存在一些不确定性的因素，容易出现监督不力的问题。人工智能将逻辑推理结果结合起来，可以监测网络系统运行的问题，实现对未知问题的高效处理，因此，人工智能在计算机领域中的应用可大幅提高系统监测效率，彰显出智能化优势，减轻工作量，为各个部门之间的沟通与互动提供便利。三是满足资源控制要求。人工智能的应用可有效节约人力和物力资源，将其用于计算机网络技术中，能够有效降低成本，提升传输过程的安全性，促进各类型数据资源的整合，充分满足了资源的控制要求。

就像从工业经济迈入数字经济一样，数字经济之后的阶段是智能经济。如同工业经济时代已经有了数字经济的萌芽，数字经济时代已经有了专用人工智能技术比如人脸识别、图像识别、智能语音识别、L4 级的无人驾驶等，而将这些专用人工智能 3 个及以上融合在一起就是通用人工智能。未来 5 年，在一些技术成熟领域将出现通用人工智能的萌芽。

六、元宇宙：开辟数字经济发展新赛道

关于元宇宙的概念，最早源自科幻小说《雪崩》，其描述了一种与现实世界平衡的虚拟场景，人类可以通过佩戴设备参与到各类虚拟场景中，元宇宙整合了扩展现实、区块链、人工智能、云计算、5G 等新兴技术于一体，可能成为未来的全球互联网。元宇宙是当前新一代互联网的未来愿景，伴随着各类技术的发展，元宇宙开始进入了人们的日常生活中，渗透到人们生活的各个领域，可以战略性地通过大数据技术、数字基础设施来打造智能化新型

城市，改变传统城市治理方式。借助元宇宙，让各个物理实体内部都能够映射在虚拟平台上，能够复制真实世界，打造出一个与现实世界相同的虚拟空间。在虚拟和现实世界之间，能够实现实时的信息共享和流动，比如，我国上海市在建立“临港数字孪生城”，当前已经完成了基础数据、地下管线、地下构筑物的搭建，这将会成为带动数字经济发展的重要载体。元宇宙与传统数字城市建设经验又存在差异，在传统的互联网技术中，人类和信息的关系还是二元分离的，而在元宇宙之中，又不同于此，人们能够享受各类生动、真实的沉浸式体验，借助技术力量的支持，人们甚至可以凭借自身的数字身份在元宇宙中生活、娱乐、消费、工作。2022 年 12 月，国家工业信息安全发展研究中心、工信部电子知识产权中心发布了《AI 创新链产业链融合发展赋能数字经济新时代——中国人工智能专利技术分析报告（2022）》（以下简称报告）。报告显示，元宇宙技术发展已由萌芽探索阶段步入了发展落地阶段，工信部及上海、北京、深圳等城市先后出台多项利好政策。

当前，元宇宙正处于初级发展阶段，初步实现了数字经济、数字服务与元宇宙概念之间的嫁接，AR、VR 等硬件设备为虚拟世界、现实世界之间的连接提供了桥梁。其中，社交媒体、数字资产、在线游戏是最早的应用领域，元宇宙将会在集会、生产、购物、医疗、办公、旅游等场景中发挥出越来越重要的作用，通过科技的赋能实现对经济和社会的重塑。但是，在元宇宙的发展进程中也会出现一系列的风险：一是监管风险。元宇宙是一项新生事物，还未形成与之对应的监管规定，存在监管盲区。二是法律风险。目前，对于元宇宙的具体形态和发展方向还没有明确的定论，法律适用标准尺度的共识不足，未能从法律层面上规范元宇宙的各类网络生态行为。三是政治安全和意识形态风险。随着元宇宙的推行和发展，境外势力可能会获得“元宇宙霸权”，以此来输出各类错误的政治观点，或者通过文化主权竞争的方式向他国渗透自身的文化和宗教信仰，而元宇宙作为虚拟空间也极大地增加了溯源难度。四是数据安全风险。元宇宙集齐人工智能、区块链、5G、大数据等技术，可能隐含多种技术缺陷和漏洞，极易成为攻击靶标。另外，在元宇宙的应用场景中，涵盖用户的生物遗传学信息等隐私，个人信息体量非常大，这种线上虚拟的方式增加了信息泄露风险，容易遭到不法分子的复制、盗用、篡改和擦除。

元宇宙是 21 世纪以来新兴产业方向之一，相关中国专利已布局 2 万余件。2001—2010 年为元宇宙探索期，在此期间，元宇宙相关中国专利布局数量较少，年均相关专利申请量约 45 件。2011—2020 年为元宇宙发展起步期，互联网巨头开始布局元宇宙相关专利，相关中国专利申请量逐年递增。特别是 2016 年后，相关中国专利布局活跃，年均相关中国专利申请量已达 3000 多件。随增强现实技术的突破，越来越多创新主体开始将元宇宙专利技术落地应用。为了发挥出元宇宙在数字经济发展中的促进作用，需要充分明确当前的风险问题，强化研究，将元宇宙风险纳入社会治理政策之中，完善监管制度，警惕元宇宙在经济领域的各类风险，加快社会伦理的建设，落实数字要素的知识产权保护，提升治理能力。

第二章　数字生产力发展

第一节　数字生产力技术基础和应用范围

一、生产力与数字生产力

数字生产力（Digital Productive Force）属于一种新的生产力形式，融合了数字化技术和各类其他的生产要素，能够创造出社会发展需要的物质和精神产品，从而促进整个国民经济的发展。从经济学理论来看，经济学家们一直在寻找物质财富的来源，在这一过程中，也诞生了诸多学派，在各个学派中，都涉及关于劳动生产力、生产力、生产要素的讨论，但是并没有针对生产力的内涵给出明确界定。

法国的重农学派魁奈提出了“唯一要素论”，阐述了财富创造的来源，他认为，只有农业才能够增加财富；英国的古典经济学奠基人配第提出“土地为财富之母，而劳动则为财富之父和能动要素”。他们的思想代表着农业社会和工业社会的财富观。古典经济学家亚当·斯密提出了“劳动生产力”的概念，他认为，劳动生产力是劳动分工的结果，并且世间的财富原本都是用劳动来进行购买的，劳动创造了价值，劳动的分工则催生了劳动生产力的发展。比之魁奈的“土地要素”，斯密提出的“劳动要素”叙述得更加客观，他并不否定资本在劳动创造、财富进程中发挥出的作用，在此基础上，他将资本划分为了固定资本和流动资本。后来，政治经济学派的李斯特提出了生产力，他认为，财富的生产力比之财富本身不晓得要重要多少倍，他充分明确了生产力的重要作用，也提出“法律和公共制度虽然不直接生产价值，但它们是生产生产力的”，他的这一论述其实是存在误区的。庞巴维克提出了生产力的“两因素论”，他认为，在生产过程中，生产力包括根本的生产力、自然和劳动的结果两种类型。早期的劳动提供自然物质，在商品经济发展之前，劳动和自然力是主要的生产要素，随着商品经济的发展，劳动和资本则成为主要要素。马歇尔提出，生产要素包括土地、劳动和资本。

综合前人的研究，西方学者归纳出了生产的四要素，即土地、劳动、资本和技术。在现代化的市场经济发展进程中，生产经营的投入都属于生产要素的组成，投入是为了产生价值。马克思则针对生产力的含义和要素进行了详细阐述，他认为，生产力是人类征服自然、改造自然的一种能力，生产力与生产关系共同组成了社会生产方式。生产劳动为人类社会活动的发展提供了物质基础，也是劳动者利用劳动资料创造产品的一种经济活动。生产力决定生产关系，通过生产力各个要素的集合，就形成了社会生产关系，不管在怎样的社会形式生产因素中，劳动者和生产资料都是不可或缺的。

生产力的发展推动了人类社会的进步，从农耕文明发展到现代文明，从农业社会发展到工业社会，正是在生产力的推动下实现的。列宁曾经提到：“人类社会的发展也是由物质力量，即生产力的发展所决定的”。生产力的变革往往以某个领域的发明、科技创新为主导，能够促进生产力的系统化变革，蒸汽机带来了工业社会，电力的推广则实现了工业电气化发展，因此，科技本身就是重要的推动力。目前，备受关注的数字经济和数字技术也与生产力密切相关，数字生产力拉开了现代化信息技术的发展序幕，而数字技术就是数字生产力的重中之重，数字生产力包括大数据、互联网、移动通信、云计算、3D 打印、人工智能、区块链等各类硬件和软件，共同构成了一个数字化的体系。在数字技术和各个产业融合下，促进了实体经济的数字化发展，数字化的生产力已经成为影响当前社会进步的决定性力量，给人类带来不可估量的经济效益。数字生产力也为经济活动带来了大量全新的生产要素，助推着数字经济的发展。

二、数字经济

数字生产力为数字经济的发展带来源源不断的推动力，数字生产力的核心在于数字技术，数字技术是在信息技术的基础上演变而来，因此，数字经济与信息经济之间息息相关。在 20 世纪中期，信息技术革命的萌芽开始，这正是得益于计算机和集成电路的诞生和发展；在 20 世纪 70 年代，信息技术实现了与信息服务业的初步融合，催生了信息经济；在 20 世纪 90 年代，信息高速公路诞生，促进了信息技术与各个产业之间的深度融合；进入了新的历史时期之后，随着互联网、云计算、大数据、物联网、人工智能发展，信息经济逐步演变为数字经济，在各个产业之间的融合发展下，让数字经济登上了全球化舞台。关于数字经济的阐述，最早见于美国学者尼古拉斯·尼葛洛庞帝（Nicholas Negroponte）在《连线》杂志发表的介绍互联网和数字化问题的专栏文章，1995 年阿尔弗雷德·A.克诺夫出版社结集出版《数字化生存》，1996 年由中国海南出版社中译出版。该书以“数字化生存”（Being Digital）概括扑面而来的数字经济现象。几乎同时期，美国学者唐·泰普斯科特（Don Tapscott）（1996）发表《数字经济：网络智能时代的希望与风险》，正式提出数字经济概念。如今，数字经济已成大势，人们对数字经济的理解也趋于共识。现实中对数字经济的最具权威性解释，可以算 G20 会议（2016）的界定："数字经济是指以使用数字化的知识和信息作为关键生产要素、以现代信息网络作为重要载体、以信息与通讯技术的有效使用作为效率提升和经济结构优化的重要推动力的一系列经济活动。"借鉴各方观点，笔者概言：数字经济是劳动者将数字技术融入劳动和产业，创造数字产品和其他产品的价值创造活动或经济形态。如果从国民经济统计角度看，根据中国信息通信研究院（2017）的界定，数字经济包括数字产业化和产业数字化，前者指数字技术本身相关的产业，包括电子信息制造业、基础电信业、互联网和相关服务业、软件和技术服务业等带来的增加值；后者指数字技术融入其他产业带来的经济增量，包括数字农业、数字工业、数字服务业等。数字经济的如此分类基本已成共识。

三、数字技术

数字技术的发展为数字经济奠定了扎实的基础，构建出了一个生态系统，这是由大数据、物联网、人工智能、区块链等共同组成的，因此，数字生产力的核心也在于数字技术。《经合组织数字经济展望 2015》认为，"互联网、宽带网络、移动应用、信息服务和硬件构成了数字经济的基础"。《经合组织数字经济展望 2017》指出，"数字技术的生态系统推动着经济和社会的持续转型。这个生态系统的关键组成部分是：物联网、大数据分析、人工智能、区块链等"。大数据是一个基础，渗透在整个技术体系中；互联网则起着运行载体的作用；云计算和计算机则进行数据分析，通过对大数据的采集、处理和分析，即可得到经济的运行规律。上述几项内容之间是相辅相成的，如果失去了计算机和云计算，就不能对数据进行集成化分析，而互联网又带来了海量数据，数据在数字经济的发展过程中是核心力量，助推着整个数字经济的发展。与此同时，数据也是人工智能的基础，在计算机、大数据、互联网的作用下，能够帮助相关人员预测市场需求的变化，从而高效率地将各类生产要素集聚起来。马克思曾经提到："各种经济时代的区别不在于生产什么，而是在于怎样生产，用什么劳动资料生产。"生产工具代表着社会生产力的发展，数字经济时代正是得益于数字技术的诞生，这大大提高了人类的生产能力，也解放了社会生产力。具体来看，在数字经济时代，劳动者和劳动资料的结合方式发生了变化，互联网、大数据使得劳动者与劳动资料的结合表现出了网络化发展趋势，提高了资源的配置效率。同时，数字生产力的发展也能够替代人类的体力和脑力劳动，这比之哪一个时代的发展，都更具优势。人工智能能够替代部分人脑功能，机器人可以替代人类从事一些危险、繁重的工作，进一步提高了劳动生产率。

四、数字生产力的性质与特征

（一）数字生产力是先进的科技生产力

"人猿相揖别，只几个石头磨过。"进入工业社会，仅过了几百年，就发生了翻天覆地的变化，人们已经步入了工业数字化时代。得益于数字生产力的推动，生产力发展进入了高阶阶段。从人类的发展历程来看，传统的农业社会持续了很长时间，18 世纪 60 年代，人类步入了工业社会，20 世纪中叶就进入了工业自动化时代，后来，计算机得以推广，互联网对各领域产生了深刻影响，改变了生产要素的配置模式，数字化工业已经成为大势所趋。云计算、大数据、人工智能的使用催生了数字产业，数据成为目前国民经济发展的关键所在，生产力也得到了进一步的解放。马克思提出："生产力中也包括科学。”从人类社会的进步史来看，科学技术正是推动生产力发展的先导，能够带来巨大的物质力量，而科技正是源自人类的知识体系，科学实验和劳动生产能够为经济发展提供直接生产力，科技并不是独立因素，会与其他生产力元素之间融合。在传统的生产力要素中，包括劳动资料、劳动对象和劳动者，而在新兴的生产要素中，则是数字技术和传统生产力的有机结合，科学技术显著提高了劳动者的科技素质，科学技术与劳动资料的结合则进一步提高了生产资料的效能，扩大了劳动对象的范围。

总之，科技的发展，降低了生产成本，提高了生产效率，使生产活动能够满足社会发展需求。在数字技术和信息技术的结合下，诞生了数字生产力，数字技术将各类分散的信息技术整合起来，共同助推国民经济的发展。数字技术本身有着深厚的理论基础，其发展借鉴了语言学、计算机科学、电子学、力学、数学、哲学等学科。

（二）数字生产力是生产要素的数字化

数字生产力的生产力要素包括劳动者、劳动资料和劳动对象，并且也是以三者的数字化为基础，通过三者的结合实现了数字化劳动。数字生产力主体必须要具备良好的数字技能，掌握各类数字技术，拥有良好的数字技术知识素养，可以开展数字化劳动。具体来看，数字化劳动者应该能够操作、控制各类数字技术和设备，能够参与数字设备的研发，可从事数字产品的创造和交易活动。这对于劳动者的各项技能提出了更高要求，这些技能正是源自学习和培训，而学习和培训的花费也是劳动者价值的一部分。

数字生产力的客体要素较多，主要包括：一是各类数字技术设备和工具，如物联网、互联网、现代计算中心、云计算、数控设备、机器人、通信工具、信息设备设施等等，这是促进数字生产力发展的主要载体，这类技术一直处在不断改革、更新和升级的过程中；二是商业软件、数据，这是产业链条中的一项中间产品，也是生产成本的组成成分。在数字技术的发展下，进一步提高了劳动对象的深度和广度，人类掌握的劳动对象、规模等出现明显变化，数字化生产要素的融合催生了数字生产力，其包括数字技术、数字劳动者、数字技术物化的生产设备。大数据是数字技术的基础，能够作为生产要素的数据是经过集成、处理之后的数据。互联网则是一个网络链接系统，为数字经济的运行提供平台支持，区块链和云计算是一种专门的技术设备，人工智能、3D 打印则是数字生产力的具体应用模式。数字生产力不是数字技术与生产力三要素的简单相加，不是存在于生产力三要素之外的独立要素，而是融入生产力三要素中带来生产力升级的融入要素。数字生产力=数字技术×（劳动者+劳动资料+劳动对象）。概言之，数字生产力是大数据、互联网、云计算、区块链、3D 打印、人工智能等构成的数字技术体系与生产力三要素融合所产生的创造力。

（三）数字生产力的特征

数字生产力通过与人类劳动、产业的结合而发挥作用，数字技术的发展直接对国民经济产生影响，不仅催生了数字产业，还以“数字+”的形式促进了产业之间的更新和升级。当其与数字产业结合之后，就会以直接生产力的方式来呈现出来。相较于传统生产力，数字生产力特征鲜明。

1.数字生产力的专用性和通用性

专用性即数字生产力在发展过程中需要借助各类专有的技术，比如商业软件、硬件设施、工具手段等等。通用性即数字技术也有着通用技术的功能，如互联网、大数据不仅可以用于数字产业的发展，也能够用在其他的产业中。

2.数字生产力的虚拟性和平台性

数字生产力的虚拟性表现为各类数据要素以虚拟的状态来呈现，因此，数字生产力往往是看不见、摸不着的，以虚拟的形式的存在为线下实体来服务，并且数字资源的配置平台表现出了数字化、网络化的特征。尽管数字生产力让传统的营销模式发生了变化，但是还是需要以线下方式呈现，比如，在现代化的电子商务中，尽管人们是通过网络交易，但是要完成整个商业活动，还需要进行线下配送。同时，互联网平台的诞生也使得传统的劳资关系变得模糊，与以往的企业雇佣关系有了一定的差异，以外卖骑手为例，其劳动权益就无法得到应有的保障，关于骑手权益受到侵害的报道屡见不鲜。

3.数字生产力的资源共享性和分享性

数字技术与经济活动的结合显著优化了资源配置效率，利用互联网将各类分散资源集中起来，能够在供需之间迅速配置资源。数字资源也变得共享而开放，借助大数据和互联网，能够对数字资源进行分享，打造出全新的业态和模式。不管是数字资源的共享还是分享，都能够降低生产成本、提高经济效益。

4.数字生产力的赋能性与节能性

数字生产力将劳动者、劳动资料以及劳动对象三者之间融合起来，共同为人类的劳动过程赋能；数字生产力也会与各个经济产业相融合，这是数字生产力对于产业的赋能。借助产业赋能，能够释放劳动资料的效能。尽管在数字经济时代下工业依然离不开机器体系，但是，数字化的赋能能够促进机器体系的数字化升级和改造，从而大幅提高生产效率，数字化的机械操作也能够节约人力成本，减少资源消耗，有助于节能环保。

5.数字生产力应用的预测性和精准性

互联网、大数据的应用能够实现对海量数据的高效、迅速处理，并且分析结果也非常精准，可以预测经济发展趋势，反映经济运行情况，为企业的产品开发、生产规划、市场交易等提供依据。这类分析结果能够为决策者的决策活动提供诸多便利，不管是从企业决策还是从国家宏观方面的决策来看，都使得决策变得更具精准性。

6.数字生产力应用体现“比特”与“原子”的共存

比特是大数据的基本单位，在大数据中，数字的分析和生产都是比特运动，但是，比特是虚拟的数字符号，并不是直接的物质要素，要促进数字技术的发展，还需要借助物质要素的支持。物质要素是整个社会经济发展的基础，数字生产力也是为实体经济来服务的。数字经济不能替代实体经济独立存在。

（四）数字生产力助推社会发展的机制分析

1.借助数字技术激活创新潜能

创新本身就具有动态化的特点，在创新进程中会不断出现新的组合，但是新的组合往往不会凭空诞生，一般基于旧资源基础通过调整传统组合的方式来优化生产手段。数字技术的推动是创新生产力的有效方式。在人类社会发展的进程中，积累了大量数据，很多数据是源自人类的无意识行为和活动，如果此类数据被闲置，那么就丧失了价值化条件，通过挖掘、清洗和分析，即可让数据成为重要的生产资源。当前，数据的获取成本慢慢降低，算法提升也使得数据的资产化成为可能，这能够为经济增长赋予全新的动能，进一步提升创新效率。

2.利用数字技术重构生产函数

有经济学家认为，创新的本质是建立新型生产函数，在各个生产要素中引入一个新的组合，使得生产条件和生产体系发生变化。数字生产力能够对经济体系的原有要素进行优化组合，并引入数据产生新的函数，从而提高生产效率。数字生产力在引入要素之后，成为一个全新的生产要素，能够与其他要素之间协同联动起来，协同程度越高，那么社会经济的发展速度就会越快，在数字生产力的应用过程中，数据对于经济发展的贡献会更加显著。相较于其他的要素，数据有着非竞争性的特点，能够用于多个主体之中，这就为多主体的联动提供了良好条件，数字生产力也能够提高要素的配置效率，减少无效供给，使得整体的经济总量得到稳步提升。另外，数字生产力还能够为资本劳动赋予新的动能，提高要素的生产力。数据本身就承载着大量的信息，利用数字生产力，能够有效杜绝市场失灵的问题，确保决策的准确科学，避免投入劳动、资本的盲目性，形成一种高效敏捷的生产方式，这正是经济增长的关键点。

3.数字生产力可提高经济发展韧性

在各个国家的发展进程中，要维持竞争优势，那么就要提升经济发展的韧性，通过这种方式可以有效抵御外部风险，这也是新时期经济高速发展的标志之一。之所以我国能够成功应对 1998 年的亚洲金融危机、2008 年美国次贷危机，一个重要原因便是我国有着强大的经济韧性。尤其是新冠肺炎疫情的暴发对于全球产业链造成了巨大冲击，在这一时期，我国借助数字生产力有效提高了经济的韧性，通过精准防控确保物资的及时供应，并且率先在全球范围内复工复产，对世界经济的增长做出了不可磨灭的贡献。可以预见的是，在未来一段时间内，数字生产力将会帮助我国应对经济下行压力，发挥一个稳定器的作用，并且数字生产力具有一定的空间溢出效应，既能够促进区域的均衡发展，也能够为各类企业发展赋能，为经济部门提供发展动力，继而提高我国经济发展的韧性。

4.数字生产力可提升效率

经济增长不仅需要要素的投入，更重要的是需要依托技术的进步，与此同时，技术进步也会带来资源的优化配置。数字生产力提高了生产效率，也能够促进资源的优化配置，具体来看，数字化的推进使得信息流和数据流能够交织起来，利用各类新型技术，可以压缩中间的流通环节，缩短信息流通时间，降低人们的交易成本。回顾工业化时代的发展，公路、铁路、火车、飞机的推广加速了信息的流通，步入了数字化时代之后，各类基础设施的建设持续完善，信息流通速度越来越快，形成了强大的互联互通能力，数字化应用也改变了企业的管理模式和组织架构，使得企业有资源推行扁平化、网格化的结构体系，能够有效提高组织管理效率。

五、数字生产力技术应用范围

（一）数字生产力的劳动应用

以机器人流程自动化（Robotic Process Automation,RPA）为例分析数字生产力的劳动应用。

1.RPA 的好处

数字化转型是企业高质量发展的重要引擎，转型的核心是对数据价值的充分挖掘和运用，以创造新的生产力。在变幻莫测的市场环境下，重视数据化管理，通过数据进行技术和业务创新，已得到越来越多企业的认可。企业推进数字化进程的方式有很多，云计算、人工智能等都能为企业提供想要的自动化解决方案。但眼下，无论从适用范围、应用效率，还是开发周期、实施费用、难度系数来看，RPA 数字化劳动力都是性价比更高的解决方案。不同于销售/客服等办公自动化系统，RPA 工期短、投入少。其“外挂式”的部署，不会影响到企业正在应用的管理系统的后台。RPA 数字化劳动力通过模拟人工对于键鼠的操作，实现数据在各企业管理、办公软件之间的流转，替代人力跨平台处理大量重复、规则性的工作流程，进而释放大量人力资源去从事更有价值的工作。

2.应用 RPA 的流程

企业内部通常有着大量重复性的流程。而阻碍 RPA 顺利实施的因素主要是业务流程和应用程序的复杂性，而非 RPA 本身。因此，在应用 RPA 之前，企业需要重新思考现有业务流程，对自身的战略以及实现战略所需的运营能力有深刻的理解，从而明确哪些流程需要着重进行改造。在此基础上，通过评估、匹配不同的方法和资源，推动目标运营模型的建立，研究可用的 RPA 工具，草拟组织数字化转型的愿景。在实际应用场景中，占用大量人力和时间，并且相对稳定、标准规范的工作流程，往往最需要也最适合部署 RPA。从 RPA 的技术角度看，许多流程要做到自动化并不难，但如何做才合乎效益，则仍需要谨慎评估。

从战略角度思考，部署 RPA 将会获得更高的回报。

（1）增强业务相关者对 RPA 的理解和重视

对于大部分员工而言，RPA 仍是新鲜事物，通过正确的宣传与引导，消除业务团队的焦虑，让业务部门真正理解 RPA 的作用与价值——协助他们更好地工作。企业只有理解 RPA 如何与其他技术协同运作，RPA 才能发挥最大的价值。

（2）制定全面的 RPA 解决方案并明确优先级

单一技术的应用不足以获取更高价值。企业需要制定全面的解决方案，或者将各项技术的应用整合到正在进行中的更大范围的优化项目中。在对 RPA 计划进行优先级排序的过程中，预期效果、实施时间以及扩大应用规模的可行性等都是重要考量因素。

（3）通过试点项目向全面转型过渡

选取一条端到端的流程作为试点，利用 RPA 进行流程重塑和优化，以验证 RPA 的 ROI（投资回报）预期。此外，通过试点项目了解影响 ROI 的驱动因素，也可以帮助企业将 RPA 应用规模化。值得注意的是，随着自动化、智能化复杂程度和规模的不断升级，实施 RPA 的难度也将逐渐增加。

因此，部署 RPA 数字化劳动力是一个持续演进的过程，并非一劳永逸。企业应树立持续优化的观念，从而使 RPA 向更智能、更贴合业务的方向演进，发挥出更大的价值。

（二）数字生产力的产业应用

1.中国发展数字经济优势凸显

我国在数字经济的发展上有着独特优势。从发展实践来看，我国的数字经济在短时间内实现了迅速发展，能够与发达国家同台竞争，表现出强大的潜力。如今，我国已经进入了 5G 时代，数字经济带来的优势进一步彰显：一方面，数字经济加速着传统产业的转型和升级，数字技术也在各类生产实践中得到了广泛使用，有助于调整产业结构、提高生产效率；另一方面，数字技术也在为传统的生产管理模式来赋能，使得传统产业开始朝着智能化、数字化的方向发展。目前，我国正在大力推行“上云用数赋智”，致力于通过数字经济来促进管理、生产等环节的重构，截止到目前，我国智慧园区、产业互联网、个性化定制、智能仓储的发展已经取得了一定的规模，进一步促进了实体经济的转型。

从我国的发展进程来看，数字经济为我国经济增长提供了新的变量，也带来了一片全新的蓝海。当前，我国正处于产业转型的重要阶段，从以往的规模化发展朝着科技引领的方向转型，因此，在未来一段时期内，应该促进数字化在制造业领域的广泛应用，借助大数据识别系统、智能算法、物联网传输系统等提高制造业的发展水平。

2.ChatGPT 为数字经济注入新动能

近些年来，ChatGPT 受到了全社会的关注，其背后是生成式的人工智能技术，这为数字化的转型和发展带来了新的思路。ChatGPT 基于语言系统基础诞生，能够实现深层次的人机交互，进一步提高了效率，有助于解放更多的生产力，对于制造领域的转型提供了新的帮助。未来，如果将类似的技术应用在企业管理、企业生产、语音识别等领域，将能够进一步促进工业的智能化发展。总体来看，ChatGPT 的诞生为人工智能的产业化发展带来了新的思路，能够进一步推动数字经济化的发展，当然，尽管 ChatGPT 表现出了强大的应用潜力，但目前这项技术还处于初级发展阶段，尚未能实现广泛推行。

3.信息通信业合力筑牢数字“地基”

2023 年 3 月 5 日在第十四届全国人民代表大会第一次会议上的《政府工作报告》提出“大力发展数字经济”。在发展数字经济的进程中，信息通信产业是其中的主力军，我国的信息通信企业属于全业务型的企业，为了充分发挥出主力军作用，需要在网络基础设施建设、信息服务、传播信道、信源信道出租等方面持续发力，并提高企业之间的协同性，共同助推数字经济的高质量发展。

数字经济涉及的内容较多，属于一个综合化的系统，单一依靠一个企业很难进行全盘布局。目前，我国国内的通信体系存在着“各自为政”的问题，因此，有必要从国家层面出台相关的政策，推进体制改革，促进数字经济企业之间的协同发展，构建出统一的管理机构，集中攻破关键技术，从“制造强国”朝着“网络强国”的方向来发展。

第二节　数字生产力发展的短板

一、新的垄断问题，用动态的眼光判断

数据是数字生产力经济时代的核心生产要素，数据的采集、加工与使用具有明显的规模经济与网络经济性，低甚至零边际成本意味着创新创业的门槛较低，但先发企业能够凭借自我增强的大数据优势来实现与固化垄断地位。

笔者认为，关于现实中数字生产力经济企业的优势和劣势，并不是泾渭分明的，而是与创新之间密切联系的，但到了一定规模后就有可能阻碍竞争。

例如亚马逊、谷歌、脸书等科技巨头在发展初期，其规模迅速扩张，有效提高了全社会的整体福利。在这个时期，科技巨头的发展是有着积极作用的，但是在形成了先发优势之后，科技巨头会利用自身的知识产权、网络效应等建立竞争壁垒，此时就会产生负面影响。对于数字生产力经济有无垄断问题的评价，需要从动态化的角度来进行分析。

根据熊彼特的创新理论来看，垄断、创新之间有着密切联系，垄断能够为企业带来巨额收益，也就激活了企业的创新动力。对于科技型企业而言，其失败的可能性较大，因此，为了实现发展，就需要一定的风险溢价补偿，垄断租金能够为企业带来巨额收益，这也是来自市场的一种风险补偿。从历史的发展层面来看，大型科技公司的垄断都有着动态化的特征。

从历史经验来看，巨型科技公司的垄断似乎符合上述动态化的特征。比如上世纪 90 年代，雅虎搜索引擎一家独大，几乎占领了所有的搜索市场，但在谷歌推出搜索引擎后，雅虎的搜索业务很快就被性能更优异的谷歌搜索所

替代。如果监管层一开始就强力监管雅虎的搜索业务，限制其盈利，可能谷歌也没有动力推出更好的搜索引擎。

微软的IE浏览器也曾受到垄断的指责，但如今其地位也让位于Chrome。类似的例子在中国也不鲜见，电商平台京东与阿里尽管构建了很高的行业壁垒，但无法阻止拼多多的快速崛起；同样爱奇艺、优酷等视频应用也没有办法阻止抖音成为世界级的流行应用。

当前关于数字生产力经济中的垄断问题还存在争议：一方面，应当鼓励竞争，但是又要避免恶意竞争；另一方面，要以动态化的眼光来分析数字生产力发展中带来的回报，不能为了反垄断而影响创新。

关于这一问题，学界也提出了解决方案，就是从数据来出发，减少数据使用的排他性，监管部门可以针对不同企业来提出数据的互操作性要求。具体来看，如果数据生产力具有显著的规模化效应，那么，先行收集数据的企业就会得到奖励，这其实会对消费者的利益产生损害。要得到服务，消费者只能够选择最先收集数据的企业，不能选择其他类型的企业，如果为数据赋予互操作性，就可以有效避免这类竞争。当然，这种监管方式目前还没有落实，要在实践中进行推广，还需要各界专家的密切合作，在推广过程中，要注意保护好消费者的隐私，避免抑制初始者的创新，并且监管活动也要凸显出动态化的特征，根据实际情况进行调整。

二、新的贫富分化问题，与数据产权没有明确界定相关

一直以来，学界都在探讨机器能不能替代人的问题，在经济学中，也曾经提出了“技术性失业”这个名词，就是指技术发展带来的失业现象，这种担忧一直持续两百余年。那么，怎样看待这一问题呢？实际上，我们可以从

此次新冠肺炎疫情中获得启示：数字生产力的快速发展既能够赋能人，也可以替代人。

从赋能层面来看，机器人的赋能表现在诸多领域，以餐饮、外卖领域为例，如果没有 GPS 定位、智能手机以及生产力的发展，就会大大降低外卖人员的配送效率。再如，在技术手段的发展下，使得远程办公、远程医疗、远程教育成为可能，但是技术手段并没有替代白领人员、医生和教师，而是为其现有的工作赋能。正是得益于数字经济，使人们在面临社交隔离的情况下，还可以维持原有的经济活动，因此，技术和人之间应当是一种互补的关系，当然，在某个领域中，机器也可以替代人工，比如无人驾驶、无人配送等。

而在不同的生产力模式下，数字生产力经济赋能人的程度也各有差别，以中美两国为例，美国的数字生产力更多的是通过机器来替代人，而我国数字生产力的发展则是通过机器和人之间的互补来提高工作效率。在美国，机器替代人主要是一些简单、重复、常规的工作，比如一些重复性较高的流水线作业；我国的机器赋能则体现在一些非常规的服务方式上，比如视频直播、专车司机、外卖员等。

不过，彭文生认为，虽然数字生产力经济的发展在现阶段在中国有劳动友好型的一面，但中国也难以避免数字生产力经济加大收入分配差距的共性的一面。数字生产力技术使得明星企业和个人可以用低成本服务大市场，少数人和企业赢者通吃。

美国有学术研究显示，过去 40 年劳动者之间收入差距的扩大，主要反映了（同一行业内）受雇企业之间的差别，而不是职业之间的差别。这背后一个重要的相关问题是数据产权没有明确界定，相关企业对大数据资源免费、排他性占有，实际上是独占了关键资源的垄断租金。

如何界定大数据产权归属？对于这种垄断租金，应该采取管制方式，还是征税方式？如果征税，如何确定税基、税率？数字生产力经济越壮大，这些问题越不容忽视。

彭文生认为，与此同时，需要注意的是，数字生产力经济也丰富了应对贫富分化的政策工具：数字生产力移民和数字生产力货币。解决区域发展不平衡的传统办法通常是劳动力转移，或者产业转移。数字生产力经济创造了一个新思路，即“数字生产力转移”。

例如，大企业将客服中心布局在欠发达地区，劳动力无须转移就可以享受发达地区的辐射带动，可以看作是“数字生产力移民”；数字生产力新基建催生了网络直播、云旅游等方式，将欠发达地区的风土人情、青山绿水等特色资源“运输”到发达地区，“产业数字生产力化转移”增加了当地人收入。

数字生产力货币方面，中国人民银行发行数字货币和电子支付工具（Digital Currency Electronic Payment,DCEP），重点在于发展电子支付手段，但从长远看，数字生产力货币的发展可能对现有金融体系产生颠覆性的影响，促进普惠金融、降低金融的顺周期性，有利于结构性导向的财政政策更有效发挥作用，更好地平衡效率与公平的关系。

三、新的国际冲突风险，更大问题可能来自国家安全或数据主权问题

彭文生认为，新的国际冲突风险可能来自三个方面：服务贸易、国际征税以及数据主权和安全。

服务贸易方面可能带来的国际冲突风险容易理解，就像制造业贸易量扩大后会产生国际摩擦，服务贸易量扩大也可能带来纠纷，中国需要积极参与适应数字生产力经济时代的国际贸易规则的变革。

税收方面，针对数字生产力经济绕开现行征税准则的逃、避税问题，国

际上讨论比较多的替代性方案是基于用户征税，这需要进行国际协调，以确定各国所属的应税税基。在世界大变局背景下，国际协调难度正在变大。

更大的国际冲突风险可能来自国家安全或者说数据主权问题。

彭文生举例，美国和印度近期对中国的平台企业的不友好做法，固然存在政治层面的原因，也反映了一个问题：大数据归属是否涉及到主权甚至是国家安全问题？近期，中国更新了《中国禁止出口限制出口技术目录》，新增了“基于数据分析的个性化信息推送服务技术”，似乎也印证了大数据及相关技术对于国家安全的重要性。

四、社会治理面临的挑战和机遇，隐私保护持续成为重要议题

在数字经济的发展中，引起的安全隐患问题也屡见不鲜，最具代表性的就是个人数据泄露和隐私保护的问题，比如，在安装手机APP时，APP会弹出一个“征求同意”的条款声明，这一条款字体非常小，并且十分冗长，其中都有数据授权协议，如果要使用这应用，用户就不得不选择同意，在使用智能手机时，个人数据会被这类APP读取。人们在使用手机的过程中，对于哪些数据被读取往往是一无所知的，这就导致隐私泄露的问题越来越严重。

数据本身有着非竞争性、非排他性的特点，因此这为数据赋予了公共品的属性，但是对于个人而言，这种公共品的属性就会导致用户的隐私遭到泄露。比如，在新冠肺炎疫情期间，健康码得到了广泛推行，对于防疫工作起到了一定的助推作用，但是如果在疫情之后未能及时地退出，健康码的泄露就会侵犯个人隐私。除此之外，在数字经济时代下，企业掌握了大量的用户隐私信息，这能够帮助企业迅速寻找到潜在消费群体，降低交易成本，但是

另一方面，如果这类资料泄露，将会对消费者的个人隐私安全带来负面影响。

对于数字经济时代下的隐私保护问题，学界也在不断地进行着讨论，主要可以分为两个派别：一个派别是芝加哥学派，他们认为，过度地保护隐私会影响社会福利，也会对市场的运行效率带来负面影响，个人有动机隐瞒自己的负面信息，但是这往往会给其他的市场参与者增加成本，就会降低社会福利；而隐私保护派则认为，个人的行为和动机是非常复杂的，如果不注重隐私保护，那么企业可以肆意地收集消费者数据，从而预测出消费者的偏好，使得价格歧视越来越严重。企业还能够将消费者数据出售给他人，但是消费者并无法享受到利益，反而要承担数据滥用的风险，因此，为了提高社会的福利水平和经济效率，必须要重视消费者隐私数据的保护。

总体来看，数字经济时代对于数据的依赖性非常大，由此带来的数据隐私泄露可能性也就更高。在数字经济时代下，对于消费者的数据监管和隐私保护是必然要关注的一项问题。欧美在这一方面已经进行了卓有成果的探索，早在 2012 年，美国就提出了要保护消费者的隐私，旨在降低数据泄露给消费者带来的风险，在 2018 年，欧盟实施的《通用数据保护条例》为了保护个人数据，对于企业收集他人的隐私数据做出了一定的限制。在数字生产力的发展下，关于消费者的隐私保护也将会成为一个热点议题。

彭文生认为，从公平角度看，立法保护隐私数据是必要的；从效率角度看，隐私保护的关键可能在于度，甚至需要设计状态依存的保护制度。

第三节　数字生产力的研究现况和实践特征

一、算力是数字经济发展的核心生产力

作为数字经济发展的核心底座之一，“东数西算”工程的启动，将成为拉动经济增长的重要引擎。其中，算力是数字经济发展的核心生产力。

2022 年 12 月，第十八届 CCF（中国计算机学会）全国高性能计算学术年会以线上的方式举行。作为大会的东道主，济南在超算方面有着深厚的布局与积累。山东省人民政府副省长、中国工程院院士凌文表示，山东省高度重视超算产业发展，坚持超算科研与产业化并重的发展思路，以全球首个超算科技园区为载体，建成超算产业新型研发机构，聚力打造超算数字经济生态，大力推进超算互联网重大基础设施建设，在济南率先建成全国首个超算互联网工程，为科技创新和产业发展提供高性能计算、大数据、人工智能等一体化服务，有力助推算力的泛在化发展。凌文指出，未来山东将按照国务院关于支持山东深化新旧动能转换推动绿色低碳高质量发展的意见部署安排，大力支持建设济南、青岛国家 E 级超算中心，完善国家级、省级及边缘工业互联网大数据中心体系，将秉承科研与产业化并重的原则，大力促进超算经济的发展，推动超算算力的普及应用，用好超算这一利器。

中国工程院院士、CCF 会士、大会共同主席陈左宁则指出，当前，“计算+数据”双驱动，已成为科学研究的新范式。高性能计算推动了数字经济的快速发展，开启了算力赋能数字经济的新篇章。随着“后摩尔时代”的到来，传统高性能计算的资源规模越来越受限，在处理复杂的重大科学与工程问题

时面临巨大挑战；同时，高性能计算应用的多元化、供需不平衡，以及新兴应用的快速崛起，推动了新型算力基础设施建设，补齐在基础软件、高端芯片、核心器件等关键技术方面的短板迫在眉睫。在新一轮以多元化、融合化为特征的先进计算产业浪潮下，实现高性能计算的可持续发展，应该以国家发展重大战略需求为牵引，不断发展新的范式，深入研究科学智能计算、工程智能计算和“经典－量子”协同的量子计算等先进计算方法，以及新的计算结构，打造以新型算力为基础的软硬件协同的创新生态环境，助推行业赋能，以及数字产业化和产业数字化水平的不断跃升。

会上，《走向未来的 HPC（高性能计算机群）产业白皮书》正式发布，它在大量调研和专业分析的基础之上，勾勒出未来 HPC 产业发展的全景图，包括面临的挑战、应对策略、市场格局、应用实践等，将更好地引导 HPC 产业未来的发展。最后，专家一致认为，当前，数字经济快速发展，算力已成为加速数字产业化和产业数字化的关键驱动。而“东数西算”工程的启动，也对数据与算力的布局优化、专业人才的培养、产业生态的建设提出了新的要求。从超算行业的角度，应该抓住当前这一有利时机，不仅要更快地实现从千万亿次到百亿亿次的跨越，更要让超算与不同行业的业务场景深入结合，成为经济高质量发展的助推器。

二、充分发展数字经济

释放数字生产力拓展思维边界，树立共生“数字”理念。“数字产品”源于人的思维力和创造力，数字孤岛和数字壁垒等转型难点，不只是受制于技术，更多受困于人的思维认知，应拓展思维边界，树立互为主体、资源共通、价值共创、利润共享的共生逻辑，进而可创造任何个体都无法单独实现的高质量发展。

要使数字经济充分得到发展，首先要做好信息基础的建设工作，抓好物联网、5G、卫星互联网的建设，重视云计算、区块链等新技术，基础设施为产业的数字化发展提供条件支持；其次要科学规划融合基础设施，借助大数据、人工智能、互联网等技术为传统基础设施的转型来赋能，打造智慧城市群，促进产业的制度化变革，持续增加基础设施的投入，从基础研发、产业创新、科技研究等方面来着手，增加在科技等方面的投入，为创新活动提供新契机；还要加快数据的确权立法，减少数据的获取成本，各个地区在数据确权方面可以尝试出台地方性法律法规；最后要主动培育数据要素市场，规范各类主体的交易活动，实现数据的商用，完善数据交易流通规则，解决数据壁垒，发挥出数据要素的价值。数据要素与劳动力、土地、资本等不同，需要从立法层面进行界定。对于数据的开放和共享，既要有硬性制度的支持，还要通过一系列的激励机制来进行规范，促进数据要素市场的规范化发展。

构建多元化的资金运行体系，推进企业上云的发展，在这一方面，需从几个角度来进行完善：一是设置多元资金支持体系，加大政府专项资金的扶持，鼓励产业投资基金、金融基金的进入，解决资金痛点；二是设置多元运行支持系统，完善云服务商群体的建设，提高企业综合竞争力；三是提供分层次的人才支持，着力增加数字人才的数量，提高培育质量，培育社会需要的应用型数字人才，为“互联网+”与人工智能等赋能。数字经济的发展对于人才有着较高要求，不仅要培育数字化所需的专门数字人才，还要提升全民的数字理念，做好数字技能普及工作，搭建数字化学习平台，鼓励居民们借助数字平台参与线上学习，建立良好的数字经济生态模式。

完善数字治理，一方面是要强化对数据的有效管理与组织，实现数据的高效流动、便捷分享、安全加工和处理，从而释放数据的最大价值；另一方面是要加强数字社会的有效组织与运行，着眼点在于利用信息与通讯技术（ICT）提升政府效能，通过打造政务大数据中心，利用数据中枢系统，对部门之间、地区之间的业务系统进行数据协同，通过流程再造、公开数据协同、在线互动等，实现需求主体诉求在线直达、政策在线兑付、服务在线落地、绩效在线评价，以 ICT 技术赋能政府服务，提升社会治理水平。

三、数字生产力的发展趋势

（一）生产方式柔性化

数字生产力改变了传统的机械化生产模式，实现了生产的自动化，将人类从体力劳动中解放出来，并且让生产方式具有了柔性化的特点，让企业能够灵活地生产各类产品，让以往的集中化、大规模生产转换为个性化的按需生产，解决工业化、个性化之间的矛盾，可为用户提供各类型个性化的产品。

（二）组织管理灵活化

在数字生产力的发展下，让信息交互模式也发生了明显变化，信息交互模式更加的及时、准确，有效降低了监督成本、评价成本和信息交易成本，使得企业的组织形态发生了明显变化，“新零工模式”就是在这一背景下诞生的。这让原有的雇佣方式发生了变化，从以往的“企业—员工”的雇佣方式转化为“平台—个人”，改变了企业的架构层次，最大限度解放了个人生产力，能够有效响应市场需求的变化，构建跨主体、跨行业的产业生态体系。

（三）服务方式融合化

数字生产力的发展也促进了跨界融合，信息技术的应用改变了传统的服务商业模式，以往的餐饮行业变为了如今的“餐饮+外卖”模式，医疗行业也衍生出了互联网医院，服务业和制造业之间深度融合，打破了原有的产业边界，服务要素和服务产品的地位也越来越高。

第三章　数据要素化和要素数据化发展

第一节　数字经济理论之要素理论分析

数字经济是面向二维人群结构的经济形态。从工业文明到数字文明，人类正在经历着百年未有之大变革。在工业经济诞生初期，《国富论》《资本论》等一系列伟大的著作，从理论制高点上，为人类经济社会发展指明了方向，从而使人类摆脱了文明更迭时的迷茫。时至今日，我们又一次面临着文明更迭，人类社会所发生的基础转变更是历史上从未遇到的。那么我们该如何看待数字文明下的人类社会？笔者认为研究数字经济理论之要素理论十分必要，而网状人群、数字消费和“二维市场+链接资源”等就是数字经济理论的核心要素。

一、网状人群：数字经济的社会基础

数字化时代，当人群开始向数字空间（Cyber Space）聚集的时候，人类文明必将进入一个全新的阶段。在这一阶段的经济发展模式和方法、社会的治理模式，都值得我们重新思考和归纳，数字经济理论体系正呼之欲出。

（一）从物理聚集到网络聚集

首先从规模上看，数字经济时代人类聚集的规模是历史上从未有过的。随着网络渗入到每个个体的日常行为之中，人类突破了物理空间的限制，转而可以在数字空间中聚集在一起。随着聚集规模不断扩大、影响深度不断加深，人群形成了一种新的聚集形态：虚拟社会（Virtual Society）。

虚拟社会中的人群聚集规模是工业时代无法比拟的。比如，2019 年，微信的活跃用户数超过 10 亿，Facebook 的活跃用户数超过 15 亿，WhatsApp 的活跃用户数超过 15 亿，淘宝的活跃用户数近 10 亿。这些用户就如同生活在同一座现实城市中的人，生活在同一个网络空间里，用一种不同于城市生活的方式沟通、交易、学习、成长，从而在这个空间中形成新的文化、新的共同价值取向、新的消费习惯和消费模式。于是，新的市场在虚拟社会中诞生了。

（二）从树状结构到网状结构

工业社会，由于工业分工的加剧，使得人群逐渐演化出了一种职能化、层级化的树状结构，这种结构在工业生产的分工协作方面具有无可比拟的优势。

随着社交网络的出现，进一步推动人与人之间形成了一种网状结构（如图 3-1 所示）。点到点（P2P，Peer-to-Peer）等技术手段，更使得在网络空间中人与人之间更加平等。随着网络人群的不断扩大，人类社会结构也开始不断演化，表现出两个效应。

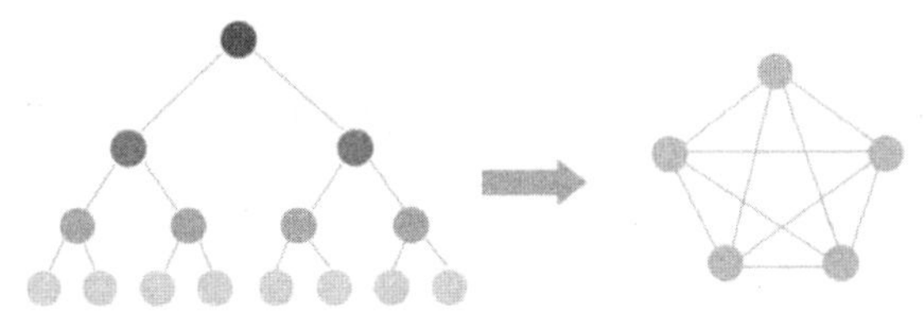

图 3-1　从树状结构到网状结构

六度效应：即网络足够大，从一点出发，通过信息连接，我们就可以覆盖到网络上所有人。这种信息传播的方式完全不同于树状结构的传播，为人类社会开辟了一条全新的信息传播和人群组织的路径。

挤出效应：因为网上人群都有自己的社会网络，而每一个节点更倾向于相信自己邻近的节点，于是来自网络外部的声音对这个节点的影响力变弱。我们把这种挤出了外部信息影响的效应称作挤出效应。

随着人群网络聚集的规模扩大，人群结构的变化进一步突出，人类已经不只聚集于以城乡为主体的物理空间之中，同时开始聚集于以网络社区（游戏、论坛、兴趣组等）为主体的网络空间，并形成了不同于任何历史时期的二维关系网络，这种网络社会关系正是孕育数字经济重要的土壤。

数字经济是一种面向二维人群的全新经济形态，利用数字化手段和技术手段的支持来释放网状人群的需求，改变了传统工业化时代的消费形式，是一场革命性的变化。

二、数字消费：数字经济的根本推动力

网状人群的消费模式与工业时代的人群相比，也发生了巨大的变化，消费的新业态和新模式是促进数字经济发展的根本动力。从人类网络经济发展

的历程可以看到，数字消费逐渐成为社会总体消费的重要组成部分。

与传统工业时代的消费和现今时代的互联网消费不同，数字消费更强调人群网络的属性，具有如下特点：从功能型消费到数据型消费；从一次性消费到持续性消费；从单一产品消费到联网型消费；从个体消费到社群消费。

数字消费人群最初主要集中在游戏玩家对游戏道具的购买上，而随着物联网时代的到来，这种消费模式开始逐渐扩大到各种社区，并进一步扩大到各种实体商品之中，从而逐渐形成了一种新的消费市场。

三、二维市场+链接资源：数字经济的价值基础

数字经济所面对的是一个由虚拟和现实两部分构成的人群，这类人群形成了一个二维的市场结构。

数字经济时代的企业需要兼顾实体和虚拟两个市场，在实体市场上延续并创造新的实体消费，同时辅以在虚拟层面释放大量的数字消费，这种类型的企业我们把它称为社区型企业（如图 3-2 所示）。社区型企业能够把分布于不同城市中的员工、合作伙伴、消费者等用虚拟社区的方式整合起来，并用社区的组织方式把所有的利益相关者、产品、服务链接在一起。

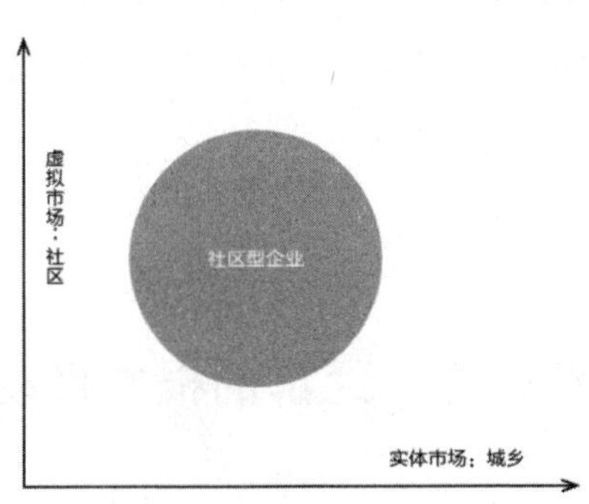

图 3-2　面向二维市场的社区型企业

在这样一个二维市场中，挤出效应使得市场传播模式从传统的广告模式开始向基于六度效应的传播方式转变。企业一旦有了自己的虚拟市场，就拥有了在数字经济时代自己的“媒体”，这也就是我们所说的“自媒体”时代。每一个企业自身借助二维市场都可以变成媒体，并形成一种基于人的力量的传播模式。

在二维市场中，一方面，因为虚拟空间每个参与者的平等性，能最大限度调动每一个参与者的潜力，让每一个参与者都能为社区贡献价值，并且在贡献价值过程中实现每一个参与者自身的更大价值；另一方面，因为在社区中建立了大量链接，进一步形成了基于这些海量链接的新的价值创造模式。这种价值创造方式的改变，为企业转型升级提供了成长的空间，也是经济发展新动能的重要源泉。

工业经济及以前的时代主要服务于实体市场，通过对自然资源的开发利用，人类解决了衣食住行各方面的问题，并借此为人类创造了不可估量的价值，工业发展对自然资源造成了极大的消耗，环境问题日益严重，例如全球气候变暖、空气污染、水体污染等问题。未来是不能以破坏自然资源为代价来发展经济的，在数字经济时代之后，使得绿色化生产、集约化生产成为可能。在数字化经济时代，人类创造财富的方式也发生了变化。

在数字化时代中，人类不仅能够在实体中活动，还可以参与虚拟社区活动，在虚拟社区和实体社区的互动中会有大量的数字消费出现，这就是数字经济时代与原有工业时代最为显著的差别。数字消费是基于各种链接基础上的，因此，海量链接也成了数字经济时代的重要资源。企业要实现发展，就需要发挥技术手段的作用，与外部建立链接，并且通过这种链接来生成全新的盈利模式。因此，数字经济时代下，企业要实现发展和转型，就需要主动开发链接资源，这是企业数字化发展的必然道路。

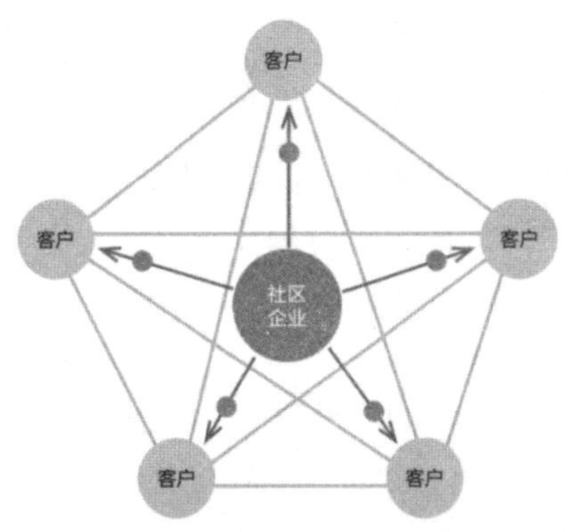

图 3-3　社区型企业的链接资源

根据图 3-3 不难看出传统企业在发展过程中直接为客户提供服务和产品，比如说，如果有 5 个客户的话，那么企业的经营就需要 5 条链接，但是，如果企业能够为客户构建一个可以相互链接的虚拟社区，就能够形成更多的链接，在客户数量的增加下，链接数量也会表现出阶层式的发展特点。因此，在数字经济时代下，企业关注的要点就是怎样增加链接资源，企业提供的产品和服务也是为了链接资源和服务，如果企业能够做到这一点，那么甚至可以放弃工业时代的经营模式。这也说明，在数字经济时代，商业模式会发生彻底变革。数字经济的价值基础就是二维市场与链接资源，在数字经济时代中，传统的商业模式发展路径也与以往有了较大不同，传统产业需要挖掘数字化内涵，建立产品链接，通过这类链接满足客户的消费需求，这也为企业提供了新的发展空间。

在数字经济时代下，网状人群的新行为特征也创造了一些新的消费模式，数字消费将会成为数字经济时代的重要消费模式，数字消费使得传统的消费市场出现了变化，诞生了一些新的经济企业，因此，在传统企业升级转型的过程中，需要致力于释放数字消费，满足网状人群的消费需求。

可以预见的是，在数字经济时代下，企业会从以往的一对一面对客户转化为面对整个二维市场，二维市场能够释放出参与者的能力，为参与者之间建立一个广泛的链接，链接便是数字经济时代的主要资源，企业对待链接应当像对待工业时代的自然资源一样，大力开发此类链接资源，实现在数字经济时代的发展和转型。

第二节　数字经济理论之数据理论分析

自十八大以来，党中央对于数字经济的发展予以高度重视，数字经济目前已经上升为国家战略。如今，我国的数字经济新业态得到了蓬勃发展，网络购物、共享经济、移动支付已经普及，走在了世界发展前列。数字要素为数字经济的发展赋能，在人类生产生活与信息技术的交汇融合下，数据呈现出指数级的增长趋势，各类数据中蕴含着强大的可开发价值。

数据已经成为一种新型生产要素，在人类社会的发展历程中，生产力是主要的决定因素，每一次的社会经济形态变革都会出现新的生产要素，带动生产力的发展。在农业社会，生产要素是土地和劳动力；在工业社会，生产要素是技术、知识、管理资本；在数字化经济时代下，生产要素是数据。数据会对生产、流通、分配、消费等产生直接影响。中国共产党第十九届中央委员会第四次全体会议通过的《中共中央关于坚持和完善中国特色社会主义制度推进国家治理体系和治理能力现代化若干重大问题的决定》，将数据纳为了生产要素，这反映出数据对于国家发展的作用也日益凸显。根据调查报告来看，我国的数字经济规模长期居于世界前列，是引领全球数字经济发展的重要策源地。

数据也带来了全新的发展动能，改变了原有的生产方式，比如，数据促进了产业的数据化发展，使得实体经济、数字技术之间得到了深度融合，为经济社会的稳定持续发展提供了源源不断的动力。借助海量数据，能够发展数字服务业、数字制造业、数字应用业等，为国民经济的发展带来全新的增长点。将数据与其他生产要素结合起来，可以大幅提高各类生产要素匹配效率、激活创新能力、提高生产效益和生产质量、促进国民经济的发展。因此，在新时期下，需要抓住发展机遇、用好数据要素、挖掘数据要素的发展潜力。

数字经济时代的到来也让当前的竞争局势发生了显著变化，如今，数字经济对于诸多领域都产生了深刻影响，也成为全球的重要要素资源，改变了全球经济结构。当前，各国都对数字经济的发展予以了高度重视，制定了一系列的发展政策，致力于打造新的竞争格局。我国是一个人口大国，有着庞大的互联网用户群体，拥有海量数据资源和丰富的应用场景，发挥这一优势，挖掘数据要素的价值，促进实体经济、数字经济之间的深度结合，能够为传统产业的发展赋予新的生机和力量，使得我国数字经济不断地做大做强，抢占发展制高点，提高国家的综合竞争力。

要促进数字经济的发展，需要严格贯彻新发展理念，将党中央关于数字经济的部署落实到实践进程中，因此，要促进数字的要素化和资源化发展，发挥出数据对于资源配置的作用，具体可以采用几个方式：一是优化数据要素供给，鼓励多种主体共同参与数据采集，提高数据资源处理能力，共同促进数据服务行业的发展，加快建设数据资源标准化体系，建立兼容性的通信协议，打破技术壁垒，实现互通有无，逐步开放基础公共数据，发挥出数据的红利作用；二是实现数据要素的市场化流通，培育新的市场主体，根据数据要素的特点完善治理体系，优化数据资产的定价模式，形成数据资产目录，规范数据的交易模式，对数据进行安全监管，营造出一个安全系数更高的市场环境；三是优化数据要素的开发和利用机制，以实践需求作为导向建立多元化的数据开发机制，鼓励市场力量的进入，共同挖掘商业数据的价值，使数据价值能够实现产品化发展，实现技术、数据、场景之间的深度结合，通过授权应用、数据开放等形式让数据能够得到规范、有序的加工，共同提高城市的数据应用和开发能力。

第三节　数据要素化发展

信息属于数据的内涵，数据则属于信息的载体，两者是形式和内容的关系。数据要素与传统要素相同，具有传统要素的一般特点，但又是基于信息化技术的支持下诞生的，这为数据要素赋予了新的特点。数据具有几个性质：一是历史性。数据要素是数字经济时代的时代表征，是生产力发展的结果。二是社会关系性。与其他生产要素相比，数据不仅是一种要素，其背后也反映着某种社会关系。三是数据经济性。数据具备自身的技术特点和要素的经济性特点。

数据的类型非常多，有整数类型、浮点类型、布尔类型、字符类型等。评价的学科和计量尺度不同，数据的分类方式也各有差别，还有的主体将数据划分为自然要素和人类社会要素。研究数字经济时代下的数据要素，那么就需要关注其经济性的特征。根据经济性，可以将数据要素划分为生产型数据和分配型数据。数据成为生产要素具有一定的必然性，反观生产要素的概念，这本身是历史的范畴，在不同的经济发展模式下，生产要素的构成和作用机理也各有差别，生产要素会促进人类社会的高层次发展。数据也并非开始时就成为生产要素，数据成为生产要素得益于互联网的商用，在技术赋能下，人们处理数据的能力得到了大幅提升，数据的价值才逐步彰显出来。在万物互联的时代背景下，数据是无处不在的，在财富积累、价值创造的过程中，多要素的协同生产已经成为一种常态，数据的催化联合作用越来越显著，数据对于生产力发展的驱动作用已经超过了其他要素，数据要素背后涉及的社会关系也比较复杂。

2022 年 12 月，《中共中央 国务院关于构建数据基础制度更好发挥数据要素作用的意见》发布，是我国数据要素化迈出的关键、坚实一步，具有重大的里程碑意义。

数字经济的发展核心在于实现万物的数字化，充分寻找出数据中的价值作用。如今，一个国家的数据开发和应用能力已经成为这个国家综合竞争力的主要指标。要发挥出数据的价值，那么必须要实现多元数据的融合碰撞，搭建起共享流通渠道，使得数据可以动起来，只有在这一过程中才能够产生价值。在数据全生命周期中，涉及多个利益相关者，对此，需要通过政策来提高利益相关者的参与积极性，使各方都能获取收益，打造出一个可持续发展的数字经济生态。

对数据的要素化处理一直都是难点问题。当前，各个国家都还未能得出有效的数据要素化方式，数据要素与传统的生产数据相比有着独特特征，包括价值的非耗竭性、获得的非竞争性等，这就导致数据资源在共享、流通、使用等方面存在制度和技术方面的障碍。

另外，如今数据已经成为一种必不可缺的生产要素，会参与到社会生产和经营的过程中，而数据的要素化包括三个层次，这三个层次的关系是逐步递进的。第一层就是实现数据的资源化，这也是释放数据价值的前提条件，当然，关于数据的资源化已经得到了各国的广泛重视；第二层是实现数据的资产化，明确数据的资产属性，资产会涉及产权，而数据又与土地等资产不同，关于数据的确权一直都是业界存在争议的话题，传统要素产权的划分方式并不适合应用在数据要素中，数据要素的参与主体较多，在现有的法律制度下，很难来明晰数据的确权；第三层是实现资本化发展，挖掘数据的资本属性。就当前来看，在数据的流通和共享中还存在种种障碍，对数据的定价和收益也没有明确的标准，各个网络巨头的垄断行为、虹吸效应明显，这都会影响数字经济生态系统的发展，因此，为了实现数据的要素化，需要在现有的制度体系上不断改革，从理论和实践上积极创新。

在我国，实施国家大数据战略，建设数字中国，发展数字经济已成为国家战略选择。《中共中央关于坚持和完善中国特色社会主义制度 推进国家治理体系和治理能力现代化若干重大问题的决定》首次将数据列为生产要素，国务院印发的《"十四五"数字经济发展规划》提出强化高质量数据要素供给、加快数据要素市场化流通、创新数据要素开发利用机制等重点任务举措，《中共中央 国务院关于加快建设全国统一大市场的意见》指出要加快培育数据要素市场，建立健全数据安全、权利保护、跨境传输管理、交易流通、开放共享、安全认证等基础制度和标准规范。

2022 年 12 月印发的《中共中央 国务院关于构建数据基础制度更好发挥数据要素作用的意见》（以下简称《意见》）更是系统地、有针对性地为我国今后一段时期内数据要素化明晰了制度指引，指明了前进方向，对于充分发挥数据要素价值、加快培育壮大数据要素市场、做强做优做大数字经济无疑具有重大的指导意义。

《意见》的出台为我国数据要素化的实现提供了制度引导和前进方向。《意见》从数据的产权、流通、交易、收益的分配、安全治理几个方面来着手，给出了构建数据基础制度更好发挥数据要素作用的具体指导意见。根据《意见》的要求，需要构建出完善的数据产权制度，其内容需要涵盖个人信息数据的确权、企业数据确权、公共数据的确权，还要建立数据产权的结构性分配制度，明确各个参与方的利益保护机制，还要构建科学的数据要素流通和交易制度，完善监管体系，规范交易场所，建立交易服务生态体系，构建出可以彰显效率和公平的收益分配制度，根据贡献决定报酬，发挥政府的引导作用，制定安全的数据要素治理制度，明确政府和企业需要肩负的数据治理责任，吸纳社会力量共同参与。《意见》从多个角度明确了数据要素市场化的具体路径，从制度的顶层设计、市场机制优化调节、数据安全保障、顶层框架规范等多方面提出了建议，《意见》中有几个重要之处需要高度关注：

一是明确了具体的发展导向。《意见》提出的“做强做优做大数字经济”“坚持共享共用”“强化优质供给”“深化开放合作”等原则，明确了数字经济的发展导向，要求淡化数据所有权，强化持有权、经营权以及加工所有权，明确了数据生产、流通和使用过程中参与方的合法权益，通过这种方式，能够进一步凸显数据的价值。在流通交易方面，《意见》还明确提出要将场内和场外相结合，探索政府指导定价模式，在收益分配上，要求根据市场资源的配置和价值贡献度来进行分配，保障各方的基本权益。

二是具有良好的操作性。尽管《意见》规定的内容大多是宏观层面的内容，但是很多方面都是可以执行与操作的。比如，当前就可以着手构建数据交易场所，明确个人授权前提下的数据采集方式。

三是留下了创新空间。《意见》对于数据基础制度的设计提供了顶层框架，针对一些尚未解决的问题也留出了探索空间，明确提出要积极鼓励实验探索，建立创新容错机制。

综合来看，《意见》为数据要素化制度的建设提供了新的方向。为了将

《意见》落实到实践中，各个部门、地方政府都要加强合作，主动参与实践与创新。目前，数据制度的建设还处于初级发展阶段，很多领域都是空白的，有较长的道路要走，政府需要发挥引导和调节作用，做好顶层设计，通过各方的共同参与来不断的进行改革和创新。

第四节　要素数据化发展

作为与土地、劳动力、资本、技术等要素并列的生产要素，数据在经济社会发展中将起到越来越关键的作用。据统计，中央政治局集体学习中，有四次直接与数据、数字技术、数字经济相关。因此，要加快培育大数据交易市场，全面提升数据要素价值，促使数据要素成为推动经济高质量发展的新动能。

一、加快培育数据市场，全面提升数据要素价值

在我国，数据要素、数据要素市场整体上还处于初期发展阶段。要以开放的态度、动态的视角、包容发展的眼光，加强数据资源整合，推进政府数据开放共享，进一步提升社会数据资源价值。

数据要素、数据要素市场与传统生产要素有着本质的区别。由大数据形成的数据要素，既来自个人的衣食住行、医疗、社交等行为活动，又来自平台公司、政府、商业机构提供服务后的统计、收集等，往往难以确定数据要

素的产权属性。尤其是物联网的产生使得数据更难确权，不利于数据要素的生产和流通。

数据要素具有一定的特殊性，需要实现数据资源的开放和共享才能发挥出数据要素的价值，数据越多、价值越大，两者之间是成正比的，并且数据跨越的范围越大，其价值也越高。因此，实施数据开放共享，优化治理基础数据库，不断完善数据权属界定、开放共享、交易流通等标准和措施，促使数据资产重复使用、多人共同使用、永久使用，加快推动各区域、部门间数据共享交换，显得十分必要。

数字经济可以降低搜寻成本、复制成本、交通成本、追踪成本，但数据要素作为一种虚拟的、客观存在的要素，在生产、交易过程中容易产生信息不对称的问题。为促使数据资源转化为数据要素，有必要建立数据资源清单管理机制，构建与互联网技术相适应的开放、扁平、灵活的组织体系，从而有效破解数据造假、供需错配等问题。

二、进一步发挥数据经济的溢出效应

新一轮的改革进程，以数字化为重点，旨在建立安全、移动、高速的信息基础设施，将各类数据资源统筹起来，形成一个数据资源库。形成万物互联、人机交互、天地一体的网络空间。以数字化为核心的基础设施建设，不仅涉及大数据、云计算、人工智能、物联网、区块链以及 5G 背景下的数字化平台建设，还涉及融合创新设施建设以及政府治理、服务等。

在此基础上，进一步鼓励产业转型、经济转型。例如，大数据、云计算、人工智能与传统设计、制造相融合，可转化为自动化工厂、智能制造；与订单相结合，可变成个性化需求订单；与城市相结合，可打造智慧城市；与金融相结合，可成为科技金融；与物流相结合，可打造智慧物流；等等。

数字化转型的重要性、迫切性、必然性，已为更多的企业、政府、社会所接受。下一步，要积极运用大数据，进一步提升经济社会治理的现代化水平。在社会生活领域，数字技术有望成为提高应急管理、资源调配、社会管理水平的基础性工具；在经济金融领域，市场参与主体可依托云计算、大数据、人工智能等实现深度的数字化转型，促进科技创新、推动产业升级。

三、加强数据有序共享，构建数字化发展安全环境

一般而论，数据涉及隐私和信息安全问题，其本身的所有权是无法交易的。数据交易特指数据使用权的分享与交换。在推进公共服务数据开放共享的同时，有必要注重数据的安全保护。

要通过探索建立统一规范的数据管理制度，提高数据质量和规范性，丰富数据产品。按照数据所有方、管理方、使用方的分类来构建数据治理机制，并进一步完善法律制度，提高执行力度。

在推动数据资源共享的同时，要保障企业数据、商业秘密、个人隐私等合法权益不受侵犯。同时，加强数字安全技术研究，尤其要保障工业互联网、物联网、大数据等领域的数据安全，构建安全可靠的企业数据防火墙。

数据融合管理平台应采用物理分散、逻辑集中的策略，充分利用现有设施和人、财资源。由数据管理部门牵头制定数据分级、用户分类、数据交换等相关标准、管理办法和实施细则，推动数据有序交换和“一数多用”。

要进一步强化完善关于数据隐私保护以及安全审查方面的制度规定，比如，可以建立适合的分级安全保护制度，针对个人数据、企业商业数据、政务数据等采用不同的保护机制，明确规定哪些数据不能共享，对于涉及隐私和信息安全方面的数据，需要进行加密保护。在推进数字政府、数字企业的建设过程中，依法保护个人信息；在数据分享与交易过程中，涉及国家安全

限制的数据，明确不可共享或交易；出于安全或隐私等考虑的数据，必须以加密或其他形式进行保护。

要及时明确关于信息安全与隐私保护的边界，搭建对应的框架体系。政府作为数据的生成者、收集者、储存者和使用者，要着力优化社会经济治理基础数据库，强化社会经济监测、预测、预警能力，建立重大风险识别和预警机制，加强社会经济预期管理，提升感知、预测、防范风险的能力。

总之，数字化转型不可逆转。实现数据资源要素的顺利转化、提高数据要素的利用率、积极培育数据要素市场等，有助于提高数据要素参与价值创造的效率、促进数字经济的高效发展。在前沿技术研发、数据开放共享、隐私安全保护、人才培养等方面推进前瞻性布局，不仅是政府、社会的必然选择，也是企业的理想选择。

第四章　数字经济互联网平台化的发展

第一节　消费互联网和产业互联网的发展现状

一、消费互联网的发展现状

（一）消费金融的现状

1.消费金融的定义

所谓消费金融，是针对消费者提供消费贷款的一种金融服务形式，根据消费金融的类型来看，有旅游消费金融、医疗消费金融、电商消费金融、汽车消费金融、教育消费金融等。在广义层面上，人们将消费金融称为现金贷，对于资金的用途并没有明确规定。得益于互联网金融的发展，消费金融得到了井喷式的发展，通过线上可以审批、发放资金。以常见的综合消费信贷为例，此类信贷一般没有纸质的抵押物，分期偿还，放贷主体是多元化的，除了传统金融机构之外，还有互联网金融、保险公司、信托等。

2.传统消费金融和创新消费金融的优劣分析

（1）传统消费金融的优劣分析

传统消费金融有两种类型，即银行消费金融和持牌消费金融，银行消费金融主要通过信用卡业务来提供，在到期时，如果用户能够全额还款，就不需要额外支付利息，如果不全额还款，可以申请账单分期，只要向银行缴纳相应的利息即可。代表性的如“工行的融 e 贷”，银行的收益本身就是通过存贷款业务来实现，因此，银行此类业务也比较成熟，专业性较强，迅速占领了市场份额。但是，这种模式也有一些劣势，银行作为金融机构，需要接受国家部门的严格监督，采用的也是效率偏低的传统的风险评估方式。对于中高端客户而言，会花费较长时间；对于低信用的客户而言，很难通过金融机构申请到消费贷款。同时，这种消费金融模式没有对应的消费场景，不利于客户的下沉，加之其资金成本优势不明显，在互联网金融的冲击下，传统金融机构受到了较大冲击。相较而言，持牌消费金融公司则为客户提供专门的消费金融服务，具有便捷化、小额化的特点，基本上不会提供汽车贷款和房屋贷款，因此，其目标也与商业银行之间实现了互补。

（2）创新消费金融的优劣分析

具有代表性的创新型消费金融如互金巨头、消费分期等，能够为用户搭建相应的消费场景，用户申请起来也非常的便捷，大大提高了效率，并且这类消费模式是根据用户的社交行为、网购行为等进行信用评估，也更加精准，比如阿里巴巴的借呗、京东白条等，发挥自身电商平台的优势。与传统金融机构相比，其能够更好地满足用户体验，营销意识也更强，但是，为了弥补核实信息花费的成本，用户也需要付出比银行相对更高的利息。还有一种模式是消费分期，此类模式对消费金融领域进行了细分，使得资金流向了培训、租房、教育等领域，这是典型的垂直型消费金融，但是其本身成本较高、风险较大，在发展过程中也受到了一些争议。目前，在互联网的推动下，消费金融的主体涵盖了各个人群，上班族、自由职业者、大学生等都能够享受到消费金融服务，这也在一定程度上助推着我国经济的发展，也改变了居民的消费观念。

（二）消费金融与消费互联网的关系

随着互联网技术的发展和金融市场客户多样诉求的推动，互联网金融逐渐挑战传统的银行业务，互联网金融优势的日益明显，对传统银行的支付领域、小额贷款领域和中间业务领域均产生冲击。伴随着互联网金融创新变化的同时，传统银行同样也有着相应的机遇，银行有着丰富的产品和从业的经验，还有一套完善的风险管理体系。银行通过十几年互联网应用的发展也积累了一批人才，他们既熟悉金融同时也对互联网应用发展有深入的了解，这些也是互联网金融机构短时间难以达到的优势。当然二者也存有差异性。

互联网消费金融和传统消费金融的区别主要体现在定位、驱动因素、模式、治理机制、优势五个方面：

1.定位不同

互联网金融主要聚焦于传统金融业服务不到的或者是重视不够的长尾客户，利用信息技术革命带来的规模效应和较低的边际成本，使长尾客户在小额交易、细分市场等领域能够获得有效的金融服务。目前互联网金融与传统金融业的客户交叉还比较少，但是未来相向而行、交叉渗透的情况一定会逐渐增加。

2.驱动因素不同

传统金融业是过程驱动的，注重与客户面对面的直接沟通，在此过程中搜集信息、建立风险管控、交付服务。互联网金融是数据驱动需求的，客户的各种结构化的信息都可以成为营销的来源和风控的依据。

3.模式不同

传统金融机构与互联网金融机构都在积极地运用互联网技术，但是模式设计上是有差别的。前者具有深厚的实体服务的基础，线下向线上进行拓展，努力把原有的基础更充分地利用起来，提升服务的便捷度。而互联网金融多数以线上服务为主，同时也注重从线上向线下进行拓展，利用便捷的服务手段，努力把业务做深和做实。

4.治理机制不同

传统金融机构受到较为严格的监管，需要担保抵押登记、贷后管理等，互联网金融企业的市场化程度更高，通过制定透明的规则，建立公众监督的机制来赢得信任，不需要担保和抵押。这种机制的治理成本较低，但缺乏统一的监管体系和规范的业务标准。

5.优势不同

传统金融机构具有资金、资本、风险管理、客户与网点方面的显著优势，资金来源与运用可直接对接，体量大、成本低，同时资本实力雄厚，风险管理体系成熟，能够提供网点服务这一点也是互联网在很多情况下无法替代的。互联网金融企业则具有不同的获客渠道，客户体验好，业务推广快，边际成本低，规模效益显著等优势。

（三）互联网消费金融面临的困境

1.互联网消费金融风险防控不足

从各国的消费金融发展来看，由于不同国家人们的消费观念不同，消费金融的发展情况也各有差异，美国的消费金融比较成熟，但是其风险防范能力较弱，2007 年发生的次贷危机，就给金融领域的发展敲响了警钟。当前，我国互联网消费市场还处在初级发展阶段，在这一时期，加强风险管理十分重要。当然，由于互联网金融的发展速度较快，政策和法律存在滞后性，这也导致政策、法律与互联网金融的发展之间出现了时间差，会出现监管不足或者监管过严的问题，这也会对互联网金融消费市场产生不利影响，可能会导致一些企业放弃开发消费金融产品，也有可能使一些企业利用监管盲区扰乱市场秩序。从前几年发生的校园裸贷事件中即可窥见一斑，由于缺乏完善的制度支持，互联网消费金融公司也存在较大的风险，如今，很多互联网金融公司对于客户的审查只通过线上来进行，比较片面，在贷款发放之后，没有跟踪贷款的真实用途。

在消费金融行业的发展下，客户会逐步下沉，客户群体的信用也会受到影响，由此带来的坏账率也会持续上升，这又使得催收市场表现出虚假繁荣，为暴力催收提供了土壤。这一问题如果未能及时得到解决，就会引发恶性循环。另外，消费金融也对网络信息的安全性有了更高要求，如果一些不法分子冒用他人信息申请到贷款，那么最后必定会违约，因此，这也对互联网金融的风险防范能力提出了更高的要求。

具体来看，在互联网消费金融的发展过程中，主要的风险主要包括几种类型：一是信用风险。信用风险即在经济活动中一方未能按照合同履约给另一方带来的损失。在互联网消费金融中，信用风险主要是由于借款人无法按时还款给贷款人造成的损失，这也是互联网金融风险的常见类型。网络平台是开放性的，信用也就尤为关键，强化互联网金融的信用风险管理是目前备受关注的一项重点内容。二是操作风险。操作风险主要是由于信息系统内部缺陷引致的意外损失风险，比如，由于人员失误、网络故障、防火墙威胁等带来的风险。三是监管风险。监管风险是由于法律变化等对于互联网消费金融正常运营产生影响而带来的一种风险。在经济发展的进程中，监管机构需要综合根据市场环境的发展来制定对应的监管政策，如果监管环节存在缺位问题，就会影响互联网金融消费市场的发展动力。四是市场风险。市场风险主要是由于资产价格与预期不符导致资产价格变化而引起的风险。在互联网消费金融中，市场风险主要是由于平台融入资金价格变化导致的风险。五是战略风险。战略风险即发展进程中当期利润增长目标与长期发展规划不匹配诱发的风险。在互联网消费金融领域中，战略风险与企业利润、生存模式、文化等都有着密切关系。

2.征信系统不完善

互联网金融发展使得整个消费市场发生了变化，改变了国民经济的发展模式，但互联网金融的本质属于金融，要走得更为长远，依旧需要加强征信系统的建设。比之发达国家，我国征信系统建设还存在一些问题未能解决，在早期，征信系统由中国人民银行控制，但是征信的管理成果却并不理想。在国家政策的支持下，腾讯、蚂蚁金服、中诚信等多个机构开始在个人征信领域合作，但各个机构的评估标准各有差别，目前还没有建立起一套完整的网络征信体系，网络征信效率也不太理想。另外，要建立征信系统，需要发挥出各平台的优势作用，共同来挖掘和评估数据，这本身难度就较高，并且在互联网金融体系下，很难对用户的消费行为进行追踪，也难以建立起动态的信用评估机制。但是，为了解决互联网金融发展的问题，必须要严格加强信用风险的管理。

（四）互联网消费金融的发展展望

1.盈利模式将发生改变，需提高定价能力

对于互联网消费金融的发展，需要突出便捷性和普惠性，但是，互联网金融的主要盈利模式就是利息，其利息比传统金融机构要更高，甚至于使得互联网金融背上了“变体高利贷”的名号。尽管在近些年的发展下，巨头客户的群体下沉，但是互联网金融的高息模式还没有从根本上发生变化，因此，需要及早改变传统的盈利模式，朝着理性的发展状态来转型，杜绝同质化的发展倾向，各个平台要主动提高自身的定价管理和风险管理能力，针对不同客户群体提供个性化、针对性的金融服务。

2.结合辅助性行业，建立完善的征信和风控系统

在互联网消费金融的发展进程中，还需要挖掘科技优势，发挥计算机的辅助作用，建立起集身份验证、用户画像、实时预警、催收管理于一体的风险管理制度，杜绝金融欺诈，最大限度地降低风险，利用云计算、大数据等对客户信息进行实时跟踪，精准反映出客户信用水平的变化。比如，百度有钱花的做法就颇具代表性，其利用大数据扩大了授信范围，能够为用户提供个性化的信贷服务，还基于精准流量实现了广泛的市场覆盖，借助人脸识别技术、声纹识别技术等，有效提高了用户的账号安全性，并且还搭建了大数据风险管理平台，从收益、信用评分、反欺诈、定价、催收等多个方面进行精细化管理，做到了风险的全程控制。

3.重视法律制度的建设

完善、健全的法律制度是促进互联网消费金融发展的一项技术手段。法律具有权威性的力量，当前，我国互联网消费金融处于快速发展阶段，关于互联网消费金融的监管还存在争议，与之相关的法律法规还处于空白状态，导致监管套利、监管缺失等现象层出不穷，对此，还需要从法律制度方面来抓好建设。一是要明确市场准入政策：在信息技术的发展下，各类新型的互联网金融机构相继诞生，有的单位缺乏互联网金融的从业经验，也盲目加入其中，除了传统金融机构通过互联网拓展业务之外，各个网络借贷平台、电商平台也纷纷加入。这就出现了各自为政的问题，金融领域本身承担的风险较高，因此，相关部门需要制定严格的市场准入政策，通过有效的准入制度从源头上杜绝风险的出现。二是要建设规章制度：对于互联网消费金融行业的发展，需要发挥出规章制度、法律法规的综合保障作用，需要完善与之相关的法律环境、构建互通机制，使得各方都能够相互协调，建立起流畅的利益表达公众参与机制。同时，需要针对互联网消费金融的资金、成本、收益

等进行明确界定，及早制定互联网消费金融条款，细化利息的收取规则，从操作层面上强化监管。三是平衡风险管控、创新发展之间的关系：互联网消费金融与传统的金融相比具有明显差异，是在“互联网+”时代下诞生的新兴产业，在发展过程中，需要平衡好风险管控、创新发展之间的关系，既要重视监管，又要把握好力度，如果监管过度，会影响行业内部的创新。另外，在互联网消费金融领域中还存在一些灰色地带，需要从制度方面做出明确界定，使金融监管和创新之间能够实现动态、平衡的发展。

4.优化互联网消费金融管控模式

互联网消费金融涉及诸多单位，其业务范围也越来越大，包括消费、旅游、医疗等多个领域，因此，针对不同的主体，需要采用对应的监管方式，明确各个监管部门的责任和义务，在关键点上画出红线，优化沟通协调机制。当前，国内在互联网消费金融领域还有诸多层面需要改进，互联网消费金融领域涉及技术和金融两个模块，比较复杂，交叉程度也较高，涉及的监管单位有证监会、银监会、地方金融管理局等，因此，需要构建出一个协调沟通机制，使得各个单位能够努力作为。在监管时，需要综合考虑到各类业务品种和领域，避免出现监管空白问题，同时也要求各个平台之间加强合作，及时识别风险。另一方面，要发挥行业自律的作用，互联网消费金融有着业态多元、主体多样的特点，各类金融创新模式又增加了互联网消费金融的监管难度，而行业自律是解决这一问题的一个有效举措，因此，需要继续强化信息沟通机制，完善标准规制建设，构建统计监测模块，通过多种举措并行来降低风险。

5.互联网消费金融企业要强化内控管理

为了最大限度地降低风险，对于互联网消费金融企业而言，需要构建出科学的风险防范体系，严格做好资质审查工作，引入征信系统，利用大数据等收集足够的信息，建立多维度判断模型，强化对用户资料真实性的审核，将信用风险降低到最低点。强化贷中监测，杜绝恶意欺诈，提醒消费者按时还款，企业还需要合理优化自身的资金来源结构，减少流动性风险的发生率，并且要从技术手段上来防范风险，警惕黑客、病毒攻击，及时发现系统漏洞，提高抗风险能力。企业还应当构建完善的内控制度，目前，我国互联网消费金融还处于初期发展阶段，尚未构建出完善、全面的内控体系。企业要实现发展，必须要从制度层面来着手：规范自身的操作流程，根据市场化程度持续更新；建立信息共享数据库，将恶意欺诈用户上传，提醒联合行业来打击失信行为。

二、产业互联网的发展现状

（一）产业互联网的内涵

产业互联网，是企业内部以及整个产业链（研发、生产、交易、流通和融资等各个环节）的互联网化，从而达到提升效率、优化资源配置的目的，可以打通上下游，让管理者站在产业的角度重新塑造企业的核心竞争力，实现企业的互联网转型升级。

产业互联网的主要用户是广大生产者，在产业互联网的发展过程中，需要提高各个环节的网络渗透率，以节约资源、提升效率、促进产业的发展。将传统企业、互联网深度融合起来，寻求新型管理模式和服务模式，不断优化客户的服务体验，创造出具有价值的产业形态。从本质上来看，产业互联网是通过数字化、智能化手段，提升产业链效率或者降低成本。

（二）产业互联网与其他概念的区别

产业互联网是近几年流行的新概念，特别是在 2018 年由于腾讯等互联网巨头提出产业互联网战略、纷纷进军产业互联网而引发高度关注。由于出现的时间较晚，对于产业互联网尚无成熟的界定。工业互联网、消费互联网和电子商务与之密切相关；区分产业互联网与上述概念之间的关系，有助于更好地把握其内涵。

1.工业互联网与产业互联网

工业互联网是支撑制造业数字化、网络化、智能化发展的集成化技术平台，帮助制造业实现智能化生产、网络化协同、个性化定制和服务化延伸。产业互联网包含第一、二、三产业，工业互联网主要是瞄准于工业和制造业。产业互联网需要通过商业模式和利益机制的创新来促进产业要素的重组，建立产业链；工业互联网还关注提高企业的制造能力和生产控制能力。在制造业的转型、发展进程中，工业互联网都是其基础所在，只有促进工业互联网的数字化、网络化、智能化改造，形成内部的核心能力，才有可能进一步将平台能力开放化，升级为面向整个行业的赋能和共享服务平台。

2.消费互联网与产业互联网

消费互联网时代的主角是BAT（百度、阿里巴巴、腾讯）等企业，他们分别在搜索、电商和社交等领域取得令人瞩目的发展成就。消费互联网时代以“流量经济”为主的商业模式，冲击了传统的零售业、娱乐业等，并逐步渗透到人们生活的方方面面。消费互联网主要针对的是线上消费，面对的也是个人消费者，未能解决线下实体、产业优化、提高生产效率等一系列的关键问题。因此，2016年阿里率先提出新零售概念，强调“线上服务、线下体验以及现代物流进行深度融合的零售新模式”，开启从消费端往产业端的改革推进。腾讯也在2018年发布公司转型产业互联网的重大战略调整，并提出“互联网的下半场属于产业互联网，实体产业将成为产业互联网的主角，腾讯要做实体产业数字化转型的工具和助手”。产业互联网更多关注于如何通过互联网技术对产业链进行资源整合，革新产业链，改变产业链的中介模式，促进企业之间的协作分工，优化产业链生产关系，提高其整体生产能力。这对于产业互联网的行业积累有了更高要求，从业者必须要具备深刻的洞察能力，能够对每个垂直领域做出细分，打造平台型企业，逐步实现产业互联网、消费互联网之间的融合共通，构建一条全产业链条。当前，多数产业互联网平台解决的依然是产业链局部的优化，而产业链打通连接的环节越多，其所能创造的价值也越大。产业链越是复杂和服务分散，通过建立产业互联网平台整合与优化所带来的价值提升空间也越大。产业互联网的本质是提升效率。如果说消费互联网是流量经济，那么产业互联网就是效率经济。产业互联网通过数字化手段，打通产业链的各个节点，实现整个链条的降本增效、增值进化。

3.电子商务和产业互联网

电子商务是指通过使用互联网等电子工具以计算机网络为基础所进行的各种贸易活动，围绕商业活动中的买卖和交易环节，包括 B2B（企业对企业）和 B2C（企业对用户）等电商模式，其中，B2B 是产业互联网重要的应用领域。然而在传统的 B2B 业务中，由于产业上下游都有相对稳定的供应商和客户群体，销售过程复杂，仅提供线上交易平台和撮合交易很难满足 B 端客户的要求，必须从整个产业供应链角度考虑其他增值服务以形成足够的平台黏性和吸引力，从而推动电商平台逐渐向产业互联网的综合服务平台升级。因此，产业互联网是从核心的交易服务，到生产、流通、金融等衍生的生产服务环节的综合服务化升级，最终形成产业链集成服务体系。

（三）产业互联网发展的背景

随着经济局势的发展，我国在积极推进供给侧结构的改革，致力于解决人民日益增长的美好生活需要和不平衡不充分的发展之间的矛盾。从需求层面来看，人们收入水平的提升产生了新的消费诉求；从供给侧角度来看，当前的实体产业链比较分散，存在着供需之间不平衡、信息不对称、同质化竞争等一系列的问题。在传统产业链模式下，一方面是未能满足人民群众的消费需求，另一方面则是库存积压和产能过剩，产业链发展不平衡，导致供给侧和需求侧中间出现了失衡的问题。在新的经济时代下，迫切需要对传统的产业结构和生产模式进行转型和升级，对此，需要发挥出产业互联网的作用，当前，消费互联网在持续发展，已经进入了成熟发展阶段，需求侧的变化也让产业供给侧在不断地进行着改革，对此，就诞生了基于供给侧的产业互联网平台型企业。产业互联网能够通过连接产业链上下游资源，进行信息打通形成产业大数据，从而指导供需匹配；通过对传统产业链进行整合优化，建立新模式下的产业价值网络连接。

（四）产业互联网市场概况

网经社数据显示，2016 年至 2020 年，中国产业互联网市场规模逐年上升，截至 2020 年上半年，中国产业互联网市场规模达 25.3 万亿元。持续利好的政策、新基建的支持、互联网红利向供给侧转移等，这些因素都在推动产业互联网的发展。目前，我国产业互联网处于发展初期，但仍是一个万亿级别的蓝海市场。互联网对人们的生活产生了深刻影响，也使得产业发生了颠覆式变革，在未来，需要狠抓信息技术发展机遇，加快促进“互联网+”模式的发展，将现代制造业与互联网、大数据、云计算、移动互联之间联系起来，带动全产业的发展。从互联网的发展态势来看，在各个阶段都出现了传统产业“触网”的问题，各产业在与互联网融合的过程中，也诞生了多种类型的融合模式，在初级融合阶段，各个行业更多的是将互联网作为工具，这是因为受到传统价值观、垄断利益以及资源因素的影响。比如，互联网在企业中的应用促进了无纸化办公的发展，也优化了沟通模式，这帮助企业提高了组织效率。

随着互联网的进一步发展，出现了面向市场的渠道模式，各个企业纷纷建立网站，通过网站来宣传企业形象展示或者销售产品，这为企业的发展提供了全新的渠道。在互联网和产业之间的进一步结合下，出现了业务融合平台，企业打破了线上、线下之间的阻碍，实现了体验、展示等方面的深度融合，并利用互联网来升级原有的业务，整合各类线下资源。从当前互联网与产业融合的发展趋势来看，已经初步形成了“互联网+”的经济体模式，人、物以及交易都实现了在线互联，大数据深刻影响了传统的产业生态模式变革，带来了全新的产业发展形势。互联网时代的竞争压力也促使各个企业主动打破自身的组织边界，朝着用户互动循环的方式来发展，积极推行大众共同创新模式。以波音公司为例，其工作小组借助网络架构平台邀请用户参与到产品研发中，极大地缩短了开发周期。在制造领域中，传统的标准化生产模式也发生了变化。得益于技术手段的支持，大规模、标准化生产开始朝着柔性化、智能化的方向发展，企业的个性化定制也成为可能。在销售过程中，传统的批零渠道也发生了变化，互联网的介入让销售模式从线下多层次批零转化为线上电商。在物流环节中，已经完成了多形式、智能、高效物流体系的建设，大数据、APP、手持终端设备在物流领域的应用提高了物流企业效率，目前，物流运输已经能够实现及时监测，并且开辟了自主取货、路人送货等新形式。

可见，互联网与传统产业的融合进程，对各个产业都带来了深刻的影响，由于原有产业的特点、市场形态、组织框架和发展进程不同，在与互联网融合的过程中也表现出了截然不同的发展态势，具体主要包括几个类型：一是需求引领型。即互联网的进入表现出需求引领的特征，最具代表性的就是零售业，网络购物的发展催生了阿里巴巴、京东等电商巨头，使得零售业发生了显著变革，而互联网与零售行业的结合突破了时空界限，能够将供求直接对接起来。二是技术推动型。“互联网+”的每次技术变革都会使得相关的产业和商业模式发生变化，比如，得益于技术手段的进步，Google、苹果等都纷纷推出了可穿戴智能产品、眼镜、手表等，亚马逊推出了 3D 技术手机，各个互联网巨头也纷纷加入了智能汽车的研发行列中，希望通过商业模式、技术手段的创新来占领高端市场。三是跨界协同型。万物互联使得人、物、产业之间能够连通起来，打破了原有的产业边界，衍生出新的业务模式。比如，在互联网与金融领域的融合中，互联网金融成为金融行业发展的新业态。四是要素重组型。大数据时代随时随地都会产生海量、实时的鲜活数据，针对此类数据的收集和分析，使得传统行业行为模式发生了变化，将大数据用于旅游业，能够最大限度提高景点、住宿、购物等资源利用率，将大数据应用在医疗、教育、农业中，也使原有的产业形态发生了翻天覆地的变化。五是产业重置型。这又有两种类型，第一种是对价值业务的重聚，比如，360 在推出了免费杀毒软件后，迅速打败了其他收费杀毒软件，占据了 70%的市场份额。第二种就是对产业链条的重构，比如，爱奇艺打造了“平台+内容+终端”的垂直产业链，并朝着娱乐、赛事等多方面推进，形成了一种深度捆绑的新型生态盈利体系。

（五）行业未来发展趋势

1.线上线下的有效融合已成趋势

随着 B 端客户个性化、精细化需求的增加，单纯的线上交易平台和撮合交易服务已难以满足 B 端客户的要求，无法有效应对产业链的复杂性和需求的多样性。实现产业链的商流、物流和资金流等要素的线上线下融合，是实现产业链资源有效配置的关键。实现传统 B2B 模式中线上线下的有效融合已成为当务之急。产业互联网需要通过技术手段提升线上平台数字化和智能化能力。实现线上平台功能的丰富和完善，也需要结合客户交易习惯及其个性化和精细化需求，优化线下业务操作，从而使得线上交易服务在标准化的前提下变得更加灵活多变，更加贴近买卖双方的实际需求，从而达到线上线下的统一和有效融合。

2.遵循产业规律基础上的渐进式发展

针对部分供应链体系的完善度和服务水平偏薄弱的行业，重构庞大的产业链条难度较大。但如果专注解决产业的一个或者数个关键痛点，以此完成关键结构的搭建，之后持续迭代，持续提高数字化服务和平台化能力，就能渐进式地把整个垂直行业打穿、做深。因此，一个成功的产业互联网公司的“产业家”大部分深耕实体产业多年，对其所处产业的发展规律、上下游痛点、利益诉求、运作规则有深入理解，能够基于自身禀赋和行业发展规律，有效地选择公司发展的切入点，实现渐进式创新发展。

3.行业并购整合将成为趋势

随着产业互联网逐渐成为资本关注焦点，资本的马太效应带来产业互联网头部企业迅猛发展，并购整合也成为头部企业的发展扩张路径之一。产业互联网公司通过并购带来的增长势能主要包括：扩充经营品类，扩展业务边界，进行规模扩张；提升技术研发、数字化、供应链及线下服务等单点能力；以客户拓展为目的，扩大区域布局，提升销售业绩，提高市场份额。产业互联网公司通过并购可以快速提升各板块能力，并将自身能力扩展复用至多个领域，构建产业链生态圈。例如，震坤行通过并购上海爱瑞德，将经营的 MRO（Maintece,Repair&Operations，通常指非生产原料性质的工业用品）品类扩展到重要的紧固件领域，满足了平台客户对紧固件品类的供应链服务需求。通过并购提升关键服务能力、跨品类整合、上下游延伸，对于产业互联网企业快速发展和抢占市场至关重要。

第二节　产业互联网平台发展为数字孪生化平台

一、产业互联网平台发展为数字孪生化平台的发展历程与核心要素

（一）发展历程

在基础设施建设速度的加快以及科技的创新下，一些新技术以极快的速度影响着各个行业，改变了传统行业的发展模式，带来了显著的数字化价值，其中，最具代表性的就是数字孪生技术。

“数字孪生（Digital Twin）”的设想首次出现于 2003 年前后，用来说明虚拟空间构建的数字模型与物理实体交互映射，忠实地描述物理实体全生命周期的运行轨迹。

如今，各类新技术迅速发展，制造业也开始进入网络化、数字化的发展进程，特别是大数据的强大分析和计算能力为制造业提供了新的发展路径，IT 技术（信息技术）、IoT 技术（物联网技术）已经等得到了各个企业的高度关注，特别是制造企业，已经纷纷引入此类技术，以改变传统的生态体系，提高核心竞争力。

伴随制造业与新一代信息技术的不断深度融合发展，工业互联网成为制造业从“显”到“隐”的抓手，互联网从“虚”到“实”的载体。工业互联网蓬勃发展离不开技术支撑，包括 5G、数字孪生、IPv6、边缘计算、标识解析、PON（无源光网络）、TSN（时间敏感网络）等都是工业互联网的关键

技术。

数字孪生基于物理实体的基本状态，以动态的方式实时对建立的模型、收集的数据做出高度写实的富有逻辑的分析，用于物理实体的监测、预测和优化。数据和模型的可视化与互联互通，也为更高层次的场景化应用提供了实现基础。

（二）关键点和核心要素

（1）两大关键点：物理实体和虚拟模型之间的双向连接，连接基于实时数据；实体和数字孪生体之间形成交互闭环。

（2）三大核心要素：传感器、数据集成和分析（智能中枢）、促动器。比如，在战略层面上，借助于数字孪生平台，能够精准预测出发电和供电负荷，有助于打造分布式的能源供需体系，提高电网运行的可靠性。

同时，数字孪生能够将网络层和设备层有机整合起来，成为互联网平台的一种迭代工具，能够将各类碎片化的知识上传至互联网平台中，不同类型的数字孪生体系结构能够将各类型的工业知识重新组装起来，借助 APP 来调用。站在技术的角度来看，数字孪生的技术体系是非常庞大的。它的感知、计算和建模过程，涵盖了感知控制、数据集成、模型构建、模型互操作、业务集成、人机交互等诸多技术领域，门槛很高。可以说，工业互联网平台是数字孪生的孵化基础，数字孪生是工业互联网平台的重要应用场景。数字孪生的技术竞争，实际上是云计算、大数据、3D 建模、工业互联网及人工智能等 ICT 先进技术综合实力的博弈。

可见，工业互联网的发展改变了传统企业之间存在的边界，填满了 IT 与 IoT 中存在的裂缝，有助于模式的创新，打造出一种新生态数字孪生技术，为传统行业和互联网的融合带来了新的技术接口。借助于数字孪生技术，能够分析出物理世界和数字模型的互动关系，有助于产品的创新。

（三）特征

数字孪生主要特点如下：

（1）流动是双向的：本体向孪生体输出数据，孪生体向本体反馈信息。

（2）全生命周期：数字孪生技术为产品的设计、产品开发、产品制造、后续服务、维修保养、报废回收等各个环节都提供了技术支持，在设计环节，设计人员在发布了设计需求之后，平台管理者就可以精准匹配到相应的数据处理模型和算法服务，在调用了这些内容之后，再将结果推送至设计人员，设计人员按需付费即可，整个流程都可以在工业互联网平台中进行。

二、数字孪生化平台开发的应用案例

（一）数字孪生下的智慧城市

从城市的运行应急预案、监测、管理、决策、分析等多方面，Sovit3D 构建物理空间与虚拟空间的信息映射及展示平台。数字化智慧城市大脑运营平台融合多尺度、多分辨率、多源空间数据、城市时空大数据、城市物联感知数据，构建了从宏观到微观、从室内到室外的一个高精度、多联动、三维全景在线、智能分析的治理体系。

1.城市体征监测

以云处理、物联系统感知、大数据实现服务等平台为依托，对事件的来源、类型、区域、处置过程等进行多维度和全空间性的精细化表达。重点开展人口态势、城市管理、生态环境、产业发展等领域的运行状态监测，赋能城市全域管理和智能化决策。

2.城市资源管理

数字孪生智慧城市大脑信息管理主要实现对城市设备管理、视频监控、应急应用、安防监控的统一管理和调度。应急资源管理：面对城市突发的公共事件，整合各机关部门和管理部门的应急资源管理数据，对救援队伍、救援装备、救灾物资、专家等数据进行统一集中管理，并建立真实、有效的应急资源动态数据库，协助救援指挥中心的应急指挥能力，针对城市突发事件做出快速的智能响应。

3.城市事件管理

智慧城市大脑运营平台整合公安、应急、消防、安全、气象、交通等领域信息资源，切实保障城市安全。

（二）数字孪生下的智慧工厂

任何物理空间都可以创建其数字孪生技术模型，1 个零件、1 个部件、1 个产品、1 台设备、1 条生产线、1 个车间、1 座工厂、1 个建筑、1 座城市，乃至 1 颗心脏、1 个人体等。再对数字孪生技术模型进行可视化和仿真分析，优化其对应的物理对象的性能和运行状态，诊断和预测可能出现的故障，提升运行绩效。数字孪生技术的应用场景横跨了其物理对象的设计、制造、运营服务到报废回收再利用的全生命周期。

1.加快行业数字孪生关键核心技术攻关突破

在数字孪生技术体系中，关键就是数字线程技术、人机交互技术、数字支撑技术以及数字孪生体技术，根据上述技术制定适合的技术路线开发图。

2.行业数字孪生技术应用平台建设

首先，分析梳理出需求急迫、基础具备、潜力巨大的重点行业或应用场景，以他们为突破口，集聚资源、分类建设工业数字孪生技术应用示范工程。

（三）数字孪生下的智慧电力

智慧电力常态运维保障和基础设施监测，支持对输配电线路的地理分布、起止点、电能流向等信息进行可视化展示，支持查询具体线路的基本情况，如所属厂站、线路名称、电压等级、投运时间等；并可集成各传感器实时监测数据，对线路电能流转情况、电流值、负载率、线损率等运行信息进行动态监测，对线路重载、过载等异常情况进行实时告警，有效提高输配电线路的运维效率及供电可靠性。辅助管理者综合掌握跨地域、大范围电网运行态势，有效提升电网监控力度。辅助管理部门综合掌握电力工程的总体情况，提升对工程安全和工程进度的监测监管力度。智能巡检监测有效结合视频智能分析、智能定位、智能研判技术，快速显示故障点位、安全隐患点位等情况，并可智能化调取异常点位周边监控视频，有效提高电网巡检工作效率。

数字孪生可视化平台支持对重点保障对象的周边环境、建筑外观和内部详细结构进行三维显示，并可对保障对象的数量、位置、保电范围、保电等级等信息分时分区进行标注显示。支持集成视频监控、设备巡检、环境检测等系统数据，对保电区域实时运行态势进行综合监测，辅助管理者精确掌控电力运行状态，提升保电效能。电力数据应用分析基于地理信息系统，结合居民住宅用电情况、区域人口密度、商业类别、车辆运行特性等数据进行综合关联分析，为配电网规划、商业选址、充电桩选址等决策领域提供科学依据。应急指挥调度，自动监控各类数据指标变化趋势，对电网风险隐患进行可视化自动告警。

数字孪生技术赋能全行业的热度仍在持续升温。数字孪生让模型不仅可视，同时也可互动可交流。对资产进行可视化管理，提升运营管理水平，达到降本增效的目的。

第三节 消费互联网和产业互联网平台经济垄断

一、互联网平台经济垄断的类型、福利损失及弊端

（一）互联网平台经济垄断的类型

根据《国务院反垄断委员会关于平台经济领域的反垄断指南》，平台经济领域的垄断行为主要包括经营者达成垄断协议，经营者滥用市场支配地位，经营者集中滥用行政权力排除和限制竞争等。目前，互联网平台经济领域较为典型，受到反垄断执法机构重点关注的垄断行为主要包括以下七个方面：

1.数据滥用问题

一些互联网巨头借助大数据识别潜在对手，由此就造成了一系列的数据滥用问题，比如，Facebook 收购了虚拟专用网 Onavo，利用其收集的各类数据建立了早期预警系统，能够跟踪出可能威胁 Facebook 的潜在竞争对手。还有一种数据滥用的问题是大数据杀熟。大数据杀熟目前屡见不鲜，在各个外卖平台、酒店预订平台中都时常可见，是一种歧视性的定价行为。

2.掠夺性的定价问题

各个互联网巨头通过补贴等方式，用比成本价格更低的商品和服务吸引客户，挤压竞争对手。比如，亚马逊为了发展母婴和个人护理市场，大幅降低自营商品价格，在吸引到足够多的消费者之后就提高价格或取消补贴。再以拼多多为例，“多多买菜”用低于成本价的方式来掠夺市场，这种掠夺性的定价严重影响着中小经营者，并且这种竞争模式大多是价格竞争、同质竞争，

并不是创新层面的竞争。

3.拒绝交易

即掌握着市场支配地位的互联网平台拒绝与第三方的合作，剥夺了其他参与者的进入。2021 年 9 月 9 日，在工业和信息化部举办的一场“屏蔽网址链接问题行政指导会”上，参会的国内主要互联网平台企业被要求在 9 月 17 日前必须按标准解除屏蔽，否则将依法采取处置措施。同年 9 月 13 日国务院新闻办举行的新闻发布会上，工业和信息化部新闻发言人指出，保障合法的网址链接正常访问是互联网发展的基本要求，无正当理由限制网址链接的识别、解析、正常访问，影响了用户体验，也损害了用户权益，扰乱了市场秩序。

4.限定交易

掌握支配市场的互联网平台限定他人基于自身意愿的交易，从而扰乱市场的公平竞争，比如，国内电商平台长期都有“2 选 1”的问题，迫使其他经营者站队，放弃与其他平台合作，这就会严重影响参与者的交易机会和经济利益。

5.搭售问题

谷歌利用自身在安卓操作系统的支配地位，签订排他性的合同，强制智能手机制造商预先安装谷歌浏览器，影响市场中其他竞争对手的进入。

6.自我优待

互联网平台通过操作算法等提高自身的商品竞争优势，改变整个平台内的竞争模式。早在 2007 年，Google 公司就推出了“通用搜索”，会优先为用户展示 Google 自有资源的搜索结果，这大大降低了竞争对手的流量。

7.扼杀型并购

一些企业为了杜绝其他竞争者的参与，会收购初创或者业绩增长潜力较大的企业。根据数据显示，仅在 2015 年到 2017 年的三年内，谷歌、亚马逊、苹果等巨头就收购了 175 家企业,这些被收购企业的成立时间平均仅有 4 年,互联网巨头通过直接消灭竞争者提高了竞争壁垒。

（二）互联网平台垄断造成的福利损失

1.增加消费者剩余的损失

当垄断造成参与竞争的企业数量减少时，产品和服务的提供量会减少，但企业的收益会增加，增加的部分是原有的消费者剩余，即垄断造成了竞争下降，带来了消费者剩余的损失，损害了消费者利益。例如，2015 年以前的“滴滴”和“快的”两个出行平台，为吸引客户竞相发放优惠券，在 2015 年 2 月合并前合计占据 99%以上打车软件市场，是典型的“双寡头垄断”。最终双方走向合并的表面原因是其宣传的“双方的所有投资人共同的强烈期望”，但最核心的原因还是合并能获取更高的垄断利润。合并后，消费者不仅没有了优惠券，而且在高峰时段需要加价才能打到车，这严重影响了消费者的出行体验和实际利益。再如，2020 年 12 月 24 日，市场监管总局依法对阿里巴巴集团控股有限公司实施“二选一”等涉嫌垄断行为立案调查，认为阿里巴巴破坏了市场公平竞争的秩序，使被迫“二选一”的平台商家商品销售受到影响，消费者自由选择的权利和合法利益遭到损害。

2.增加生产者剩余的损失

先入市场的企业具有先占优势，会对后入企业形成挤压，提高行业的准入门槛，从而限制新企业的入场。《国务院反垄断委员会关于平台经济领域的反垄断指南》（国反垄发〔2021〕1 号）第十二条对这种不公平价格行为的定性是：“具有市场支配地位的平台经济领域经营者，可能滥用市场支配地位，以不公平的高价销售商品或者以不公平的低价购买商品。”早在 2017 年，阿里巴巴和腾讯就合计占据了我国移动支付领域 94%以上的市场，二者不仅具有市场支配地位，还可以轻易阻止新数字平台来扩大移动支付领域的市场份额。2021 年 7 月 24 日，国家市场监督管理总局宣布依法对腾讯控股有限公司做出责令解除网络音乐独家版权等处罚。腾讯与主要竞争对手合并后占有的独家曲库资源超过 80%，对相关市场具有或者可能具有排除、限制竞争效果。

（三）互联网平台经济垄断所带来的问题

上述这些互联网大型平台特别是超级平台所出现的一些垄断行为，涉及的用户数量庞大，与社会的很多行业都有着密切的联系，因垄断而产生的反竞争问题、侵害同行及消费者利益等问题不仅涉及企业之间的竞争，而且对整个数字经济的发展造成了一定的负面影响，其中暴露的数据安全问题更有可能威胁到国家安全。这些问题概括起来包括以下六个方面：

1.平台垄断导致平台生态的环境恶化

互联网企业通过“烧钱”等手段获得市场规模优势，实现赢家通吃和流量垄断，对用户或消费者收取高昂的平台费。过度关注流量导致假冒伪劣商品泛滥，甚至倒逼制造业“劣币驱逐良币”，损害实体经济发展。

2.平台垄断出现扰乱市场秩序、违背公平竞争的苗头，损害社会公平

部分平台企业滥用市场地位，限制竞争性交易，导致依靠互联网平台的生产经营者失去了与平台企业谈判议价的权利，存在限制弱势企业发展、屏蔽和拦截第三方网址链接阻碍平台间互联互通、网络资源（如知识产权等）的垄断、违规合并获取市场垄断优势以及互联网平台“二选一”等问题，扰乱了市场秩序。

部分平台企业依托包括资本、技术等在内的要素资源优势，形成围绕“流量”的全新资本竞争模式和估值体系，依托互联网平台进行资本积累，通过平台资本补贴压缩市场参与者的利润空间，提高行业壁垒，限制公平竞争。

3.平台过度挖掘数据侵犯个人隐私，损害公众合法利益

部分平台企业形成绝对垄断后，采用过度挖掘和滥用个人数据、滥用人脸识别技术、数据泄漏、数据非法转售和“大数据杀熟”等手段，独占用户个人敏感数据并肆意处置，侵害个人隐私权。

部分平台企业将公开的原始信息当作私人财产处置、拒绝他人接入关键数据库、制造数据孤岛、排除或限制竞争等，损害了公众的合法利益。由于市场初期失信和违约成本低，消费互联网企业利用人性的弱点设计各种产品来获取流量，损害消费者利益。如通过打擦边球的图片和视频、起噱头标题等方式吸引用户点击。

4.平台垄断阻碍新兴企业提升技术创新能力

某些平台企业由于流量池封闭、遏制竞争对手带来了相对“轻松”的收入模式，让其无须增加基础科技投入即可获得超额利润。这类企业往往习惯于商业模式创新，而忽视了底层核心技术的攻关，容易受到国际竞争对手“卡脖子”威胁，影响国际竞争力。

5.加大收入分配差异，影响社会公平

某些互联网平台企业充分享受了我国超大规模市场红利，快速积累的资本使它们往往通过高薪模式争抢人才，这种争抢模式如果不加以监管，不仅会拉大与其他行业的收入差距，而且会对互联网平台企业的长远发展带来负面影响。从另一个角度看，互联网平台在开发数据要素价值时，数据要素市场还不完备，数据拥有方的利益并没有得到体现，所以其利润水平也将随着数据市场的规范而受到影响。

6.缺乏监管的数据聚集带来各种安全隐患

国际上，少数互联网平台借助数据优势，开始强有力地扩张到社会其他领域，力图改变这些领域的既有秩序。如 2021 年 1 月 22 日，谷歌抵制向新闻机构内容付费，威胁澳大利亚政府将关闭搜索服务；2021 年 2 月 17 日，

脸书屏蔽澳大利亚所有媒体的新闻内容，同时限制该国用户分享和获取海外新闻的权限；2021 年 2 月 23 日，澳大利亚政府妥协，将对此前通过的新法进行修订，脸书宣布将解除针对澳大利亚的新闻封禁。超级互联网平台因为实际掌控海量用户、实时数据和巨额交易，已经大大超越了传统跨国公司的实力与能力，其数据资源的使用必须得到有效监管，否则会带来各种安全隐患。

二、互联网平台经济垄断问题产生的原因

一般而言，互联网平台经济的垄断问题不是单一平台企业的问题，而是数字经济在开发数据要素过程中，数据红利期带来的必然现象。垄断问题的成因包括社会经济系统不适应数字生产力发展，由多方位的、系统性的因素叠加而成。

（一）资本的无序扩张是垄断的根本原因

资本是互联网平台生存、发展的根本动力。互联网平台的稳定性、容量、技术底层并无较高的门槛，在发展初期企业无法形成明显的技术优势。对于消费者来说，需求高度同质化且单一，选择互联网平台的关键因素在于便利和价格优势。多数企业采用“先免费，后获利”的方式发展，在平台企业进入市场初期，以免费提供服务的方式吸引供需双方入驻并使用平台。互联网平台企业在形成用户规模化之前，不可避免地要经历“烧钱”期。

资本市场追求的就是局部性的垄断，以保持市场地位。资本具有逐利的天性，资本投资的目标是寻求更高的回报。当平台企业形成规模化或是有形成规模化趋势的时候，更容易吸引资本的目光。拥有足够资金支持的平台，可以为消费者提供更多的价格优惠，以保持或扩大市场优势。资本助推的垄断性还表现在垄断平台的“投行化”，拥有大量资本的平台通过投资并购形

成垄断生态圈，仅在2020年，三家主要互联网平台企业腾讯、阿里巴巴、百度对外投资收购项目（次数）分别为43、16、13，总投资金额分别达到1110.30亿元、619.86亿元、423.38亿元，涉及领域十分广泛，不断扩大并加强了其生态圈。因此，资本是平台不断发展和扩张的推手，促使强者恒强。

（二）单纯以流量为核心的商业模式容易形成数据垄断

从1994年我国接入互联网开始，消费互联网经历了流量瓜分阶段、流量垄断阶段、流量挖掘阶段，以流量为核心的商业模式无法掩盖平台诚信体系的缺失，并开始脱离“实体”经济。1994—2019年，消费互联网迅速发展的核心是利用网络广覆盖的快速传播，在不同人群关注领域获取流量，再用各种所谓互联网创新的方式把流量变现。以流量为核心的商业模式无法为社会提供足够可信的交易环境，这一方面会带来一定程度的“劣币驱逐良币”问题，另一方面片面追求流量也会导致企业逐渐走向数据垄断。

（三）不加约束的技术与算法创新会进一步推动垄断

随着数据收集、存储、分析等技术的进步，互联网平台在运营中可以更便捷、更低成本地获取用户数据，并通过海量数据对用户进行分析，画出更精准的人群画像，对于不同人群推行更精准的产品、促销活动。各平台都非常重视算法研究，凭借排他性数据优势，平台可以与传统产业形成单方向的“破坏性算法创新”。这些算法可以强制要求商户不与竞争对手进行交易。同样凭借这种管理权限，平台可以向平台内的经营者收取费用，压制其竞争对手的发展。一旦算法侵占了平台的公共属性，平台就变成一个垄断者，出现滥用算法权利的现象。

（四）政府在互联网平台领域监管能力不足助长了垄断

互联网平台在发展初期，政府普遍采取鼓励的态度，但在对新生事物的监管上缺乏手段。互联网平台强大的渗透力和影响力使消费者、经营者和政府对平台产生了事实上的依赖，这也使得大型互联网平台在监管盲区中获利颇丰。这种鼓励的政策在互联网平台发展初期起到了培育新产业、新业态、新模式的作用，但同时也会助长某些平台在监管不完善情况下肆意扩张、形成垄断的不良风气。

三、互联网平台经济反垄断对策

依据《关于强化反垄断深入推进公平竞争政策实施的意见》，我国互联网平台经济反垄断必须处理好发展和安全、效率和公平、活力和秩序、国内和国际四个关系，坚持基于技术的监管规范和促进创新发展两手并重、两手都要硬。

总体而言，互联网平台经济反垄断要从规则、数据、技术、资本多个角度出发，统筹运用市场政策调节、法律法规调节、文化观念调节，构建全方位、多层次、立体化的互联网平台反垄断体系，实现事前、事中、事后全链条全领域监管。市场政策调节依靠供求关系的变化对资源配置进行自发的调节，避免垄断，是“无形之手”。法律法规调节依靠法律、法规、规章制度、政策等对资源配置直接或间接进行调节，是“有形之手”。文化观念调节依靠道德力量、文化力量对资源配置进行调节，是一种共同价值观塑造的过程。

（一）市场政策调节

一是界定平台业务范围，不能借助新技术工具无序扩张市场边界，要在自身业务上做精做专。无论是消费互联网平台还是产业互联网平台，都要摒弃一味做大流量的惯性思维，而要界定企业的业务范围，明确自己的核心业务，在企业的核心技术能力上下功夫、做精做专。更不能借助资本力量，盲目向不熟悉的民生等领域扩张，不能触碰国家数据安全的底线。

二是鼓励平台企业瞄准互联网发展的技术趋势，投身于未来科技的研发。鼓励互联网平台企业充分利用数据、资金、人才、用户和技术等资源优势，瞄准互联网发展的技术趋势，加大创新投入，提升技术水平，组织核心技术攻关，投身于被“卡脖子”的技术与未来科技的研发，用技术储备能力筑高企业的竞争壁垒。

三是鼓励平台积极开拓国际市场，提升国际竞争力和影响力。构建网络空间人类命运共同体，是中国作为一个大国的努力目标。中国互联网平台企业要有广阔的国际视野，在网络空间中为全人类探索全新的服务模式。因此，市场政策要鼓励互联网平台企业走出国门，参与到全球数字经济竞争中，一方面便于互联网平台企业继续做大做强，另一方面互联网平台企业也能在国际竞争中不断磨炼自己，逐渐成为全球相关技术的领先者。

四是鼓励平台企业积极参与数据要素市场化配置，建立可信、规范的市场环境。消费互联网平台企业虽然遇到了一些问题，但这些问题大多数还是发展中的问题，随着我国平台经济政策的完善，这些问题都是可以解决的。互联网平台的发展趋势，一定是向着更公平、更规范、更高质量的方向发展，所以相应企业必须要顺应大势，积极参与我国数字经济的总体布局，把平台逐渐建设成可信、规范的数字经济平台，成为我国数据要素市场化配置的重要组成部分。

（二）法律法规调节

一是要加快推进数据立法，适时推出《数据资产法》，注意数据立法和反垄断法的一致性。在保护个人隐私、保护企业商业机密、保护国家数据资产安全的前提下，要积极探索多种数据所有制，推动数据资产的确权、数据资产进入财务报表，并在条件成熟时推出《数据资产法》。数据立法要与反垄断法的要求相适应。2021 年 10 月 23 日，《中华人民共和国反垄断法（修正草案）》公布。修正草案提出进一步完善反垄断相关制度规则，包括增加规定经营者不得滥用数据和算法、技术、资本优势以及平台规则排除、限制竞争，建立“安全港”制度；建立经营者集中审查期限“停钟”制度，明确国务院市场监督管理部门负责反垄断统一执法工作等。这些反垄断的法律要求都是数据立法要遵循的基本原则。

二是要加强监管技术平台建设，用技术手段尽量做到事前监管。可信计算、大数据、人工智能等技术为相关部门提升监管水平提供了工具，政府要加强监管技术平台等监管领域的基础设施建设，如金融领域的监管沙箱等。用技术手段增强对平台企业的监管能力，把垄断问题消灭在苗头阶段，尽量避免事后监管。

三是要强化对特定领域的监管，避免发生规则性的恶性事件。在公共服务、公共安全等特定领域，一旦发生问题，将严重影响国家的经济安全、社会安全，后果不堪设想。因此，对这些领域要有特别的法规进行规范。国家发展改革委、商务部联合发布的《市场准入负面清单（2021 年版）》就是这种法规，既有助于防患于未然，又给相关平台企业提供了发展指引。

（三）文化观念调节

一是要鼓励平台企业建设高尚的企业文化，树立建设网络空间人类命运共同体的崇高理想。从历史经验来看，任何一家伟大的企业都是有着正确价值导向、崇高企业文化和远大共同理想的企业，都一定不是资本裹挟下的利益追逐者。互联网平台企业是先进生产力的聚集地，是数字经济最活跃的代表，也是年轻人向往的时代热点，所以更要鼓励平台树立高尚的企业文化，鼓励平台上的年轻人具有崇高的理想。有了正确的思想，就能避免大量的短视行为，也就可以有效地避免前述的各种垄断现象。

二是要鼓励互联网平台企业扶贫助弱，积极参加各种公益活动。人生的追求不是金钱的积累，而是探索未知、解决问题、为子孙后代创造更美好的环境。互联网平台企业是先进生产力的代表，要鼓励这些企业积极参与各种形式的公益活动，在公益活动中发挥这些企业的带动作用，通过扶贫助弱，一方面助力于中国共同富裕的国家大计，另一方面也从人才、技术、市场等方面为互联网平台企业带来可持续发展的空间。

（四）产业互联网市场的基本格局

在产业互联网时代下，关于主力军的讨论一直都不绝于耳，这个问题具有一定的理论和现实意义，因为主力军为产业互联网提供了极高的价值，也是产业发展中突破瓶颈的关键。

产业互联网、消费互联网之间有着明显的差别，产业互联网的主力军是传统组织，而产业互联网的创新者则是互联网企业。需要明确两个重要概念。

第一就是牵引者，这是产业互联网发展中的一项活跃因素。对于互联网企业而言，谁掌握了品牌、资本、用户和技术，谁就能够在产业互联网浪潮中占据竞争优势。互联网企业在促进中小型企业的数字化进程中，发挥着不可或缺的重要作用。但是，需要注意的是，互联网企业在发展初期会受到市场影响因素的约束，相较于消费互联网，产业互联网的发展速度相对较慢。

长期以来，互联网企业的发展思维是节点和平台思维，就是要求认真对待每个行业客户，突出客户的差异性，关注客户的一致性。只有主动学习、不断创新，才能够进行创造。在互联网企业的发展过程中，平台思维做出了重大贡献，当前的互联网企业不再是单一的中介性质多边套利平台，而是可以提供某种创新能力的创新型平台。另一方面，也不能过分地夸大平台价值，用户更在意的是应用。

第二是主力军。产业互联网的主力军就是传统组织，传统组织的参与能够帮助产业互联网突破一些发展瓶颈，传统组织掌握着领域知识、生产性资产以及供应链。从产业互联网的发展初级阶段来看，就是传统组织与互联网企业之间的动态发展过程，在发展进程中融合了各类要素，促进了知识之间的相互渗透，提出了具体的产业互联网问题的解决方案。另一方面，传统组织者中的优秀者得到了新的学习机会，在资本、意识和能力上不断提升，跨过了生态合作门槛，进入了高级阶段。

从目前来看，传统组织一直都有对外输出的经验，这种输出一般是以平台的方式出现的，后续随着企业的发展，凭借其行业积累、用户基础以及资源基础，让传统组织能够借助产业互联网实现转型，某些企业通过与工业互联网的结合成为技术的提供商，如三一重工旗下的根云、美的旗下的美云等。还有一些企业积极借助工业互联网对外赋能，优化用户体验，比如海尔洗衣机通过 COSMOplat 平台等极大地改善了用户体验。

其实，平台化输出并不是传统企业数字化转型的误区，在传统企业的转型过程中，需要做到具体情况具体分析，因为每个企业都有着明显差异，在具备了一定的条件之后，传统企业应该主动进行要素扩散。

从 PC 互联网转化到移动互联网，这是互联网市场的升级迭代；而从消费互联网到企业互联网，则是市场之间的转换，其客户群体都是截然不同的。

当前，决定竞争优势的一个主要因素还是网络效应，比之消费互联网，产业互联网的格局分散，因此，其发展进程也相对缓慢，在产业互联网的发展进程中，一些大中型的传统组织将会成为其发展的主导者和主力军。

通过产业互联生态，能够打造出一个个具有活力的产业，互联网生态共同体促进了技术要素的扩散和行业的数字化转型。

综合来看，不管是互联网企业还是传统企业，都会制定“双核战略”，对互联网企业而言，“双核战略”就是通过对传统企业的赋能和自身的创新发展来实现的，而传统产业的“双核战略”则是吸收互联网新兴要素，对外输出资源，各企业还需根据自身的发展情况来灵活优化。

第四节　数字产业化平台和产业数字化

一、产业数字化和数字产业化的概念

2017年，由中国信通院发布的《中国数字经济发展白皮书》，明确提出：“数字经济包括数字产业化和产业数字化两大部分。”

数字产业化也称为数字经济基础部分，即信息产业，具体业态包括电子信息制造业、信息通信业、软件服务业等。

产业数字化即使用部门因数字化而带来的产出增加和效率提升，也称为数字经济融合部分，包括传统产业由于应用数字技术所带来的生产数量和生产效率的提升，其新增产出是构成数字经济的重要组成部分。

举个例子：如果把卫星定位技术做成一个芯片的话，需要涉及到设计、生产、销售等环节，就可以构成一个产业链，这叫数字产业化。将这项技术应用于各行各业对位置比较敏感的场景中，例如，儿童手表、电子镣铐或者牛的项圈，就会对原来的业态产生一些提升或者促进作用，这就叫产业数字化。简单一点，你可以这样理解：数字产业化，就是将信息技术，进行产业

化，以便更好地赋能传统行业；产业数字化，就是利用信息技术，将传统产业进行数字化改造的过程。

二、加快推动数字产业化和产业数字化发展

“加快推动数字产业化”“推进产业数字化转型”，这是以习近平总书记为代表的党中央基于当前世界科技革命做出的重要战略部署，这对数字经济的发展提出了明确方向。数字技术的广泛推行使得数字化的生活和生产方式成为可能，数据成为当前时代的重要生产要素。互联网和物联网的发展使得各类数据信息知识能够迅速流动，改变了传统的生产方式，在人工智能技术的推动下，数据处理效率大大提高，数据处理已经能够实现自动化。相较于传统经济，数字经济使得生产要素、生产力、生产关系等发生了一定的变化：在生产力方面，劳动工具日益朝着数字化的方向发展；在生产关系方面，打造出了以数字经济为基础的共享合作模式，达成了服务均等化、资源共享化和组织平台化的要求，也催生出了一系列的经济发展新模式，资源配置水平得到了明显提升。实践证明，数字经济的发展会进一步解放社会生产力，改变传统的生产关系和生产方式。

在这一背景下，促进数字的产业化发展成为应对市场竞争的主动选择。数字产业化发展内容较多，主要是针对数据要素的商业化、市场化和产业化发展，利用各类信息技术进行全链条的改造，促进数字技术和实体经济及各个行业的深度结合，引领各行业的数字化发展转型。在数字化转型的进程中，又会产生海量数据，继续为数字产业化的发展带来源头活水，使得数字产业做大、做强，继而催生多个新兴领域。

从本质来看，数字产业化和产业数字化两者尽管具有一定的相近之处，但是两者是截然不同的概念，两者之间也是协同发展的过程。在数字技术的

发展进程中，与量子通信、仿生技术、传感技术等结合，使得数据信息的分析跨越了时空限制，从而催生出一系列的“智慧+”新业态，包括智慧城市、智慧生活、智慧产业等。促进传统产业的数字化转型发展是加速数字产业化的重要路径，通过该方式，能够改变传统产业的生产周期，帮助企业打破时空局限，为更多的用户和消费者提供产品和服务。另一方面，借助于现代化的数字技术，让企业可以做到精确度量和分析，大大降低了企业的生产和经营成本，因此，利用数字技术来改造传统的生产要素，有助于优化传统生产要素的配置，提高传统行业的生产力水平。

三、产业互联网数字化平台促进产业数字化发展需要关注的要素

从宏观角度来看，在数字经济的发展进程中，需要关注几个要素：

一是完善相关的法律法规，尤其是要健全区块链、供应链金融方面的法律法规，明确数字经济的具体法律属性，规范数字凭证的交易模式，加强隐私保护。

二是进行科学监管，将金融业务纳入国家监管领域中，明确监管态度。

三是提升行业自律，市场发展对于金融行业的自律有着严格要求，金融行业在发展进程中必须要严格遵守国家法律法规，保护好消费者的合法权益，将行业自律自觉融入自身的发展进程中。

四是重视标准的建设，加快标准的建设步伐，根据数字经济发展中出现的各种问题来完善标准。

当前，已经实现了万物互联，各类海量数据借助于 5G 网络，能够做到准确、实时的传播，这也为数字化平台的数据采集提供了极大便利，利用云计算、区块链、大数据等，能够对数字化平台进行更新、升级，为企业、金

融机构、政府部门等提供精准的数据决策支持。当前，新基建项目是国家关注的重点，这正是基于数字经济基础下产生的，也是促进产业转型的底层支持。但是就目前来看，我国数字基础设施的建设还面临着几个挑战：一是技术难度高，投入的资金量较大，还没有充分发挥出集群效应；二是地域和行业之间分布不均，欠发达地区以及传统行业在数字基础设施的建设上步伐比较缓慢。如今，数字经济与实体经济的深度结合成为必然，在这一过程中，需要大力发展数字金融，以帮助中小企业解决融资问题。

四、七大举措发展数字经济

（一）产业数字化与数字产业化的关系

产业数字化整体可按照三次产业（农业、工业、服务业）来划分。其中，农业主要集中在农业互联网方向；工业主要集中在工业互联网方向，近年来我国已培育较大型工业互联网平台超 150 家，服务工业企业超 160 万家，规模以上工业企业数字化研发工具普及率达 74.7%，应用广度及水平不断提升；服务业得益于较高的数字化渗透率，已发展出了电子商务、物流快递、金融科技、数字传媒、在线医疗等多个成熟市场，并在更多细分领域持续推进数字化转型步伐。

数字产业化整体可分为电子信息制造业、电信业、软件和信息技术服务业、互联网和相关服务业四大方向。2021 年，我国规模以上电子信息制造业营业收入超 14 万亿，增速创近十年新高，较上年加快 8%；电信业务收入达 1.47 万亿，增速同比提高 4.1%；软件和信息技术服务业业务收入达 9.5 万亿，同比增长 17.7%，保持较快增速；互联网和相关服务业业务收入达 1.55 万亿，增速同步提高 8.7%。

从市场结构不难看出，数字产业化对应数字产业，是为产业数字化发展提供数字技术、产品、服务、基础设施和解决方案的产业类别，能够为产业数字化打造稳增长的坚实基础。产业数字化对应数字融合产业，即应用数字技术与数据资源为传统产业带来产出增加和效率提升，是数字技术与传统产业融合后的产业形态，渗透面广的优势使其成为数字经济稳增长的关键引擎。所以，二者在数字经济的发展过程中缺一不可，具有相互融合、依赖的关系。

进一步延伸至二者的具体作用，数字产业化能够为产业数字化发展提供数字技术、产品、服务、基础设施、相应解决方案以及完全依赖数字技术、数据要素的各类数字产品和服务，从而引领和推动各行各业的快速发展和数字化转型升级。产业数字化转型的推进，又会产生关于各行各业生产经营销售等的海量数据，为数字产业化提供源源不断的源头活水和数据资源，推动我国数字产业不断做强做大，催生出数字产品制造业、数字产品服务业、数字技术应用业、数字要素驱动业、数字化效率提升业等数据产业。因此，在数字经济的发展过程中，数字产业化和产业数字化还拥有相互促进、协同发展的关系。

（二）数字经济与数字化转型的关系

数字经济是由人、企业、设备、数据和流程之间数十亿次日常在线连接产生的经济活动。数字经济的支柱是超连接性，这意味着由于互联网，移动技术和 IoT、人员、组织和机器的互连性越来越高。数字化转型是将数字技术整合到业务的所有领域，从根本上改变运营方式并为客户提供价值。数字化转型是全球经济持续变化背后的基本驱动力之一。数字经济是人、企业、设备、数据和流程之间数十亿次日常在线连接所产生的经济活动。

1.承诺与陷阱并存

新技术带来了巨大的希望，为更繁荣的未来创造了新的途径和机会。新技术也带来了新的挑战。虽然数字技术以其应用的辉煌和实力而令人眼花缭乱，但迄今为止，它们还没有完全实现更高的生产率增长的预期红利。

2.影响经济的渠道与货币政策的实施

数字化可以被视为一种技术/供应冲击，它影响主要经济总量，特别是通过竞争、生产力和就业效应，以及通过其与机构和治理的互动。数字技术也正在改变公司开展业务以及与客户和供应商互动的方式。

3.促进了大数据领域的发展

大数据和云计算的普及在所有领域都很普遍，电子商务的使用也是如此，这在企业对消费者细分市场中至关重要。另外，在制造业和能源领域，人工智能、3D 打印、机器人和 “物联网”几乎同样普遍。只是，采用数字技术的主要障碍是难以调整企业组织，以及需要招聘和留住高技能的 ICT 员工，监管和立法通常不被视为主要障碍，尽管一些公司指出，监管框架虽然不是障碍，但确实需要发展。

（三）发展数字经济的措施

一是重视数字设施的建设，对传统信息通信网络进行升级与改造，提高通信服务企业的服务质量，优化网络应用基础设施建设，特别是要朝着欠发达地区倾斜；二是构建城市大数据中心，建立创新型大数据平台，推进基础设施建设，扩大政务云建设规模；三是发展数字经济新动能，建设数字经济园区，大力发展创新型企业，尤其是要面对大数据、虚拟现实、人工智能等建立一批骨干型企业，提高此类企业的影响力；四是推进新一代信息技术产业的发展深度，赋能传统制造业，打造阶梯化的人工智能生态圈；五是强化数字化转型保障，完善政策支持，助推企业上云平台的发展，完善关于知识产权管理方面的标准，设置激励政策，启动制度建设，大力推进智慧信息服务行业的发展；六是建设算力基础设施，促进数字消费的提质扩容，通过线上与线下的融合改变传统的生产方式，发挥数字贸易的作用；七是构建供应链交易平台，建设智慧仓储，推行云服务试点工程，利用大数据、人工智能等创新交易方式，助力中小企业解决融资问题。

五、产业数字化和数字化产业的产教融合

在产教融合进程中，产业数字化转型也是需重点考虑的问题，产业数字化转型让校企合作迎来了新的契机，也面临着全新挑战，以下即以市场营销专业为例分析产业数字化和数字化产业的产教融合问题。

（一）“数字中台”发展背景

中台究竟是什么，在有些人眼里：中台就是技术平台，像微服务开发框架、Devops 平台、PaaS 平台，容器云之类的，人们都叫它“技术中台”。在有些人眼里：中台就是微服务业务平台，像最常见的什么用户中心，订单中心，各种微服务集散地，人们都叫它“业务中台”。在有些人眼里：中台应该是组织的事情，在释放潜能，类似于企业内部资源调度中心和内部创新孵化组织，人们叫它“组织中台”。这些理解都对，但也都有不够准确或不够完整的部分。中台，作为一个还在被定义当中的概念，正处在一个大家都有感觉，但又难以被定义的状态。而且可预见的是，这种相对模糊的状态可能还要维持相当长的一段时间。与此同时，在查阅了大量资料、并与京东等大厂的中台相关负责人沟通后，不难发现，目前行业内对于中台讨论的视角还是多偏于战略或组织架构层面，而中台更多是因为公司业务在发展到某一阶段时，遇到瓶颈与障碍后，为解决实际问题而提出的解决方案。

中台概念是 2015 年阿里巴巴提出的，随着大数据在各领域的广泛使用，数字中台表现出了蓬勃的发展趋势，在 2018 年，我国数字中台规模为 22.2

亿元，2020 年这一数据达到了 68.2 亿元，2021 年增长至 107 亿元。数字中台为企业的数字化发展和转型提供了新的契机，这是一种企业级的业务服务平台，借助于技术数据的抽象化对业务领域进行拆分，数字中台的应用价值较高。从数据角度来看，利用数字中台帮助企业解决了发展中的“数据孤岛”；从业务角度来看，去除了业务线模块，使得企业的前台业务能够进入市场，大幅提高了企业的核心竞争力；从技术角度来看，数据中台有着可扩展性的特点，使得企业的网络架构更加的开放，支持后续拓展，有效避免了重复开发所浪费的人力和资金。

（二）“数字中台”+产教融合模式

“数字中台”+产教融合模式的提出大幅提升了市场营销专业的教学深度和广度，对于高素质技能型的人才多有助益，利用企业的数字中台，能够实现产教融合的智能化发展。产业数字化的进程中涉及多个环节，包括生产制造、物流采购、仓储运输、客户服务、数字营销、门店配送、供应链管理、人力资源管理、财务管理等等，这为教育领域提供了开阔的视野。在市场营销的教学中，借助数字中台可以延伸教学广度，既能够为学生提供关于数字化营销的相关教学内容，还能够将教学活动延伸到成本控制、经营管理、生产制造等多个层面，使学生能够接触更多的知识，有助于为社会提供优秀的复合型人才。从教学深度上来看，数字中台的应用使得产教融合能够以教材理论为主、实践为辅，还能够为学生提供关于大数据品牌营销、可视化报表制作、数据采集清洗、内容营销、智能算法等方面的支持，更加符合数字化经济时代的人才诉求，以下从几个教学内容进行重点介绍：

1.数据采集

产教融合会涉及多项内容，根据上文提到的数据类型，企业数据有内部数据和外部数据两类。通过采集内部数据，进行筛选，能够得出客单价、毛利、进销、损耗、营业额达标率等；而外部数据则是利用网络爬虫获取的第三方数据、互联网数据等。上述内容均可用于产教融合中，其数据量非常庞大。为了提高教学进度，也需要借助大数据来对数据进行整合、处理和分析，为学生的学习活动提供便利。

2.数据应用

在数字平台的建设工作中，数字应用是其核心，以往的数据系统只能够简单地收集数据，无法挖掘数据的潜在价值，这时的数据并不是资产。在数字经济时代的推动下，能够利用大数据来分析各类数据，建立以客户为中心的数据视图，将企业内部的各类资源系统整合起来，为学生的学习活动提供真实数据，还支持客户精准画像、AI 预测、企业科学决策、营销方案撰写等产教融合教学实践。

3.基础工具及条件

在采集和应用数据时，校企需要共同发挥主导作用，构建实训场地。实训场地离不开软件和硬件资源的支持，软件有各类数据分析工具、数据中台、共享数据云平台等；硬件则包括互联网设备、本地机房等等。通过这种方式，使得实训场所能够做到万物互联，教师可以提供全程指导，除了线下指导之外，还可以提供在线指导，也可以在实训课中增添工具操作模块，极大地方便了学生的操作活动。数据中台是行业发展的共同选择，是企业发展的客观选择，帮助企业开发出了新一代的平台型基座。

第五章　数字金融发展

第一节　金融创新和科学技术创新

一、金融创新是商业银行摆脱困境的必由之路

当前，市场竞争日趋激烈。对于商业银行而言，创新是其在当代社会中取得竞争优势的法宝，面临当前全球金融一体化的背景，金融机构的竞争变得更加激烈，在这个时代下，必须要主动求变、求新。

关于金融创新的概念，当前还没有明确的界定。从外延来看，金融创新可以从广义和狭义两个层面来理解。广义方面的金融创新囊括金融工具、金融市场、金融制度以及金融机构方面的创新；从狭义角度来看，金融创新单指金融工具层面的创新。本章提出的金融创新是广义层面的金融创新。

（一）商业银行面临的困境迫使实施金融创新

根据数据显示，我国商业银行 70%～90%的收入来自存贷利差，在互联

网金融的影响下，存贷利差越来越小，传统金融机构进入了微利时代，银行的利息收入不断减少。同时，各类股份制商业银行、外资银行迅速崛起，分走了大量的客户，也让商业银行面临激烈的竞争态势，借助于创新来吸引客户、增加收入，是一个必然选择。

（二）金融创新能为商业银行带来丰厚利润

金融创新可以大幅提高经营效率和组织效率，增加收入，降低成本，继而带动利润的提升，利用金融创新，为企业提供特殊增值服务，能够为商业银行带来更为丰厚的利润。

（三）金融创新能提高银行竞争力

科技的发展为金融创新提供了良好的技术支持，利用大数据、人工智能等，能够使金融机构为用户提供精准化的金融服务，提高银行竞争力。

（四）科技进步为金融创新提供了条件

一方面，进行金融创新的手段更先进，创新更容易，风险也更能够控制；另一方面，正因为这些技术是近一二十年才发展起来的，无论是新老银行，对新技术的掌握程度都相距不远，因而用最新技术进行金融创新的起跑线也相距不远。

二、商业银行金融创新的着力点在于金融产品创新

商业银行金融创新的着力点在于金融产品创新，理由如下：

（一）金融制度创新不是商业银行创新的范围

国家经济的稳定性直接影响国家的稳定，而经济稳定与金融稳定之间息

息相关，关于金融制度的创新主要包括三个内容：一是用工制度的创新；二是经营模式的创新；三是股份化改造和法人治理结构的创新。这类内容都与国计民生密切相关，影响深远，需要严格按照党中央、国务院的重大决策来持续、稳步地推行。

（二）金融机构创新也不是商业银行应该过分关心的范围

当前，国家高度关注各类银行（包括各类所有制银行和非银行金融机构，还有外资银行）和非银行金融机构的发展规模和发展程度。对于各个商业银行而言，需要抓住目前的时代机遇，练好内功，提高自身的适应力。

（三）金融监管是人民银行的职责

对于商业银行而言，其属于接受监管的对象，在发展中，不需要过多关注金融监管的创新。

（四）金融市场创新不是某一家商业银行能够造就的

金融市场是一个交易场所，依赖于各个金融机构的参与和合作，在金融市场中，某家银行的产品创新可能会对行业起到积极作用，但是独木不成林，金融市场的创新不依赖某一家或者某几家商业银行的创新来实现。

（五）金融产品的创新难度不高

对商业银行而言，为了提高收益率、增加利润空间，可以为用户提供定制化、个性化的服务，这是商业银行获得竞争优势的重要源泉，对此，商业银行可以根据市场情况，在法律许可范围内遵循平等互利的原则自主开发和创新产品。从金融体制的改革实践来看，金融产品的创新难度并不高，各个银行都是可以独立进行的，并且金融产品创新与其他方面的改革联系不大，即便是创新失败，也不会影响其他的业务，因此，在商业银行的创新进程中，需要以金融产品的创新作为先发工作。

（六）金融产品创新有巨大的空间

在金融界中，涉及的产品类型非常多，国际金融界的产品多达上万种，相较而言，我国商业银行提供的金融产品数量较少，不过百余种，因此在金融产品的创新领域大有可为，并且我国的人口基数较大，商业银行可以挖掘现有的空间，积极创新学习发达国家的金融产品创新经验，利用好后发优势，在学习模仿中不断提高。

三、金融产品创新先行可以促进其他创新的步伐

（一）金融产品创新对金融制度创新和金融机构创新的推动

在金融领域中，金融机构和金融制度具有稳定性的特点，在大量创新性的金融产品出现之后，有时可能会影响金融秩序，因此，还需要助推金融制度和金融机构的创新化发展。这个过程本身难度较高，是一个循序渐进的过程，从各个国家的金融制度发展经验来看，都是从金融产品创新来入手的。

（二）金融产品创新对金融市场创新的推动

金融产品的主要交易市场是金融市场，只有增加交易量，不断地推出新产品，才能够使得整个市场欣欣向荣。如果没有国际金融资金清算工具，就不会出现离岸金融市场；如果没有承兑汇票、股票债券等，货币市场和资本市场就会停滞不前。

（三）金融产品创新对监管制度创新的推动

众所周知，中央银行对金融行业的监管主要是为了确保金融体系的安全和金融秩序的稳定，维护行业的公平竞争和保障存贷款人的合法权益。因此，对金融风险的监管和控制就成为中央银行的重要职责。商业银行以利润最大化为经营目标，趋利性十分强烈。金融产品创新除了分散转移风险外，规避监管追求利润是主要目的。如果创新的金融产品危及金融秩序稳定或政府经济政策不能按预定目标实施时，中央银行要么强化管制，要么创新监管方法和手段以消除其负面作用；如果创新的金融产品在运行中能促进社会经济的繁荣，中央银行必然放宽这方面的监管或创新监管制度以促进其有利因素的发挥而限制其不安全因素的萌生。实际上，国际金融业如美国的混业经营、金融自由化等在很大程度上就是金融产品创新引致金融监管制度创新（也包括放松）的结果。

四、金融产品创新规避风险的原则

（一）高效率与低成本原则

在我国，对于金融机构的监管是由中央银行负责的，通过监管来保障整个金融体系的稳定性和安全性，维护行业的公平竞争。中央银行的主要职责就是金融风险的监管和控制，对于商业银行而言，其经营发展的目标是获取利润、创新金融产品，这能够在一定程度上转移风险，也能够规避监管，因此，中央银行需要与时俱进地强化制度内容，创新监管方法，完善监管制度。

为了避免在金融产品创新的过程中发生风险，商业银行需要进行统筹兼顾，采用科学的风险控制策略，在产品创新上需要遵循高效率原则，兼顾效率和成本，避免金融产品的创新顾此失彼。通过这种方式，能够有效降低金融产品创新中带来的经济损失。当然，在这一过程中，必须要投入足够的执行成本、交易成本和机会成本。

（二）收益保护原则

商业银行的金融产品类型繁多，各类产品的金融风险特征和性质各有差别。尽管创新产品能够为商业银行带来更多的收益，但是也会给商业银行造成一些新的风险。这类风险具有对称性的特点，为了避免风险带来的负面影响，需要采用科学的干预措施，在规避风险的同时保障商业银行的收益。

五、金融创新与金融深化

（一）我国金融创新现状及金融深化进程

改革开放以来，我国金融创新的内容主要包括几个方面：

一是金融工具。在金融工具的创新上，有大额可转让定期存单、金融债券、国库券、股票、股权证、商业票据、基金证券等。

二是金融机构。当前，我国已经形成了多元化的金融机构，以商业银行为中心，信托投资公司、证券公司、金融租赁公司、企业集团、财务公司、保险公司为辅。

三是金融市场。当前，我国已经建立了以商业票据、短期政府债券、同业拆借为主的货币市场，资本市场已经基本完善，还建立了不同类型的批发和外汇零售市场。

四是金融制度。自改革开放以来，国家一直致力于在金融制度上进行创新。中央银行的金融管理方法也发生了转变，从原有的计划管制改变为宏观调控，采用了以三大货币为主的政策工具。央行放松了利率管理、业务管制，使得金融市场朝着市场化和科学化的方向发展。

从我国金融深化的发展进程来看，可以从几个指标来进行分析：

一是货币化比率。这直接表现出经济的货币化程度，也能够反映出银行系统的货币规模，在改革期间，我国货币化比率持续上升。

二是金融相关率。即金融资产、国内生产总值之间的比例，这表现出金融业在金融发展中的重要地位，我国 1997 年的金融相关率指标达到了美国 1988 年的水平。

三是金融资产的多样化，这是社会融资方式变化的标志，自改革开放以来，我国金融资产也朝着多元化方向发展，非金融机构提供的金融资产类型越来越多。

四是金融机构的种类和数量，1979 年之后，我国出现了多种类型的新型金融机构。

五是金融资产化发展标准，尽管这一标准没有明确的度量方式，但是却可以评估出金融深化的质量，在多年金融体制改革下，我国的金融市场变得日趋规范，但截止到目前，与发达国家之间还存在一定的距离，除了金融资产发展的规范化以外，其他几项指标都达到了发达国家水平。当然，我国的货币化还处于发展进程中，需要通过深化金融来提升货币化的质量。

（二）金融创新对金融深化的影响

1.金融创新对货币化比率和金融相关率的影响

货币化进程的指标包括货币化比率和金融相关率，对于这两项指标，都使用 GDP 来进行量化。借助于金融创新，能够显著提升货币化比率，其原因包括：首先，金融创新使得人民群众的资金提取变得更加灵活，减少了居民的现金持有量，有效提升了货币乘数；其次，金融创新为金融机构的资金调节提供了极大的方便，减少银行的超额准备金，使得信贷规模发生变化。在新型金融工具出现之后，不管是货币市场还是资本资产，其金融资产都会增加，并且在金融创新证券化趋势的发展下，资本市场的扩张速度也会越来越快，这会提升金融资产总额。

2.金融创新对金融资产和金融机构多样化的影响

在金融制度的创新下，为金融资产和金融机构带来了新的发展空间，金融市场的创新催生了新的金融资产，而金融工具的创新则有效丰富了金融机构和金融资产的种类，两者的创新是互动的关系。在创新进程中，国家需要发挥主导作用，制定出与之相关的金融制度，提供技术支持，从而构建出完整的金融创新体系。

3.金融创新对金融资产发展规范化的影响

金融深化是通过两条主线表现出的：第一条主线就是货币在经济发展中的重要性越来越强；第二条主线就是货币市场、资本市场都在逐步发展。在金融自由化进程的发展下，第二条主线对于整个金融市场的影响更加明显，金融市场能够增加市场投机行为，加重经济泡沫，影响整个金融体系的稳定性，这会给金融市场带来负面影响，同时，金融创新能够助力金融资产结构的优化，使得金融资产的定价更加有效，从而促进金融资产的规范化发展。

4.金融创新对社会资产信用化的影响

经济信用化就是经济的生产、分配、交换、消费等脱离对经济主体依赖的一种过程，经济信用化属于金融深化的重要表现，其结果以货币化的方式来呈现。金融创新带来了新的投资和融资渠道，提升了经济主体对于外部的依赖性，也使得整个社会资产朝着信用化的方向发展。其作用可以从两个层面来分析：首先，金融创新是具有一定的保值和避险功能的，能够为各类交易者提供对应的金融资产，有助于扩大信用规模；其次，金融创新可以有效减小成本功能，使得更多的企业能够在金融市场中获取到融资，为信用形成奠定了基础。

（三）利用金融创新推动我国金融深化

1.进行金融制度创新，确保金融资产发展的规范化

从新制度金融学理论来看，金融制度其实就是一种博弈的游戏规则，完善规则之后即可使游戏顺利开展。当前，我国金融体制正处于转型过程中，有多种因素会影响金融资产的规范化发展：第一种是行政干预因素，第二种是银行垄断问题。鉴于此，为了促进金融资产的发展，需要完善金融法则，建立金融危机处理机制，明确央行的独立地位，由专家组根据金融形势的变化来制定宏观调控策略，减少行政因素的干预，建立完全意义上的商业银行，鼓励银行多种所有制共同发展。另外，还需要做好监管体系建设，从金融机构的自我监督、同业公会同向约束、中国银行的宏观监督三个方面来着手，保障调控的质量和有效性。

2.进行金融市场的创新，优化金融资产内部结构

在证券市场的创新上，应当以优化金融资产内部结构为重点来开展，股票市场的发展并不会影响金融中介，我国的股票市场本身与金融中介之间具有一定的互补关系，为了提升证券化的比例，一是需要加速国有股的上市流通；二是建设二板市场，为中小企业提供更多的发展机遇；三是构建柜台市场，为居民和企业的投融资提供更多渠道，使金融资产能够趋于多元化地发展，这也能够扩大证券市场规模。

3.进行金融机构创新，提高我国货币化进程的质量

从货币化进程这一数量指标来看，一些经济学家认为，我国的货币化进程已经结束，其实不然，在当前的金融总资产中，有大量资产属于国有股和法人股，这是不能在市场上流通的。另外，国有商业银行的巨额呆账也是不容忽视的问题。为了促进国有股的流通上市，可以设置国有资产管理公司，针对国有商业银行的巨额呆账，可以由专门的呆账管理公司来负责管理，逐步将商业银行的不良资产慢慢剥离。

4.进行金融工具的创新，促进金融资产的多样化发展

为了促进我国衍生工具的发展，可以采用几个措施：一是创新存贷工具，与信息化技术手段相结合，这既能够拓展银行业务量，还能够为用户提供便利；二是实施远期交易试点，远期交易的杠杆比例小，操作简单，能够帮助我国企业避免外汇风险的产生，也可以积累更多的金融衍生工具交易经验；三是推广信用衍生工具，信用衍生工具能够有效的分离转移信用资产，更加符合我国的国情。

（四）金融创新和改革的挑战

一旦稳定币扩展到全球，会放大其对于公共政策产生的影响。穆长春表示，一是会对金融市场的竞争态势产生影响，全球性稳定币一般由大型科技巨头来发行，受到网络效应的影响，容易提高市场的集中度，削弱金融市场的多元竞争。同时，这种闭环会抬高市场的准入门槛，进一步削弱市场竞争。二是会对金融稳定产生影响，通过多个渠道增加金融体系的脆弱性。穆长春续称，全球性稳定币的生态系统会出现操作风险、信用期限流动性错配风险，导致货币金融部门变得更加脆弱，使得危机在短期内迅速传导。另外，全球性稳定币对于运营者的信誉有着更高要求，如果发生风险，不能确保做市商能够稳定货币。稳定币依靠的抵押资产储备，相关的权利义务界定不清、治理不善。三是全球性稳定币的风险还会传至实体经济。如果全球性稳定币用于支付，一旦系统中断，会导致金融市场波动并影响实体经济活动；如果用作价值贮藏，币值下滑将导致持有人财富收缩。同时，银行和相关金融机构如果持有稳定币，也会遭受损失。由于没有存款保险保障和最后贷款人机制，在发生挤兑的情况下这些金融机构损失会更大。此外，全球性稳定币储备资产规模较大，在极端情况下，如果发行机构为应对赎回请求，不得不甩卖资产，将引起金融市场价格大幅波动，导致托管银行出现风险。除了对金融市

场的冲击，全球性稳定币一旦推出，还会通过作为支付工具、价值贮藏、记账单位等不同功能，加剧跨境资本流动对货币政策产生影响。如果全球性稳定币广泛用于价值贮藏，居民和企业将持有用稳定币标价的资产，国内货币政策对这部分资产收益率的影响将变得有限；如果用全球性稳定币支付利息，那么，利率会变成篮子货币的加权平均，会进一步削弱本国货币政策的传导，这对于本币不在篮子货币中的经济体影响更大；如果稳定币作为价值尺度进入信贷市场，代替本币用来借贷，将实现稳定币的货币创造，那么，利率将以稳定币来标价，国内货币政策对借贷双方的调控能力下降。

各国间应该加强全球性稳定币的跨机构监管合作，按照相同的标准推出稳定币监管标准，防止监管套利和不公平竞争。笔者认为，在法律、监管、风险控制等问题解决之前，不宜推出全球性稳定币。穆长春表示，对于非主权的全球性稳定币，在 2019 年 10 月举行的 G20 财长与央行行长会议上，20 国央行公开声明称，全球性稳定币发行的前提，必须是解决了反洗钱问题、反恐怖融资问题、诚信问题、消费者保护问题。清华大学五道口金融学院教授谢平认为，这实际上是把非主权的稳定币，特别是用区块链技术为基础的非主权稳定币暂时冻结了。北京大学国家发展研究院副院长、数字金融研究中心主任黄益平认为，未来的数字货币时代，可能出现多种数字货币同时并存的体系。在这个体系中，短期内很可能还是各国央行各自发行的数字货币占主导。多位专家都认为，全球性稳定币对弱势货币、非篮子货币国家的冲击更大。对此，穆长春指出，对于中国来讲，如果人民币不可兑换，就会和弱势货币一样，必然会在将来受到全球性稳定币的侵蚀，唯一有效的应对措施是尽快在合适的时机下，让人民币可兑换，在保持人民币在国际货币篮子中现有地位的基础上，争取提升成为强势货币，这样才能抵御全球性稳定币的侵蚀。普惠金融服务实体经济方面，2019 年最大的主题莫过于小微金融。在政策号召考核之下，大行、小行都绞尽脑汁。随着金融科技的发展，当前服务小微不再只依赖人海战术，线上放贷越来越普遍。线上化模式主要有两方面好处，一是批量获客，二是提高效率、控制成本。在获客方面，传统银行业务需要物理网点、客户经理去挖掘和维护客户资源，如今可通过金融科技的应用，平台化、批量化、集群化获客，效率大大提高，而且获客触点扩大了。

此前，除了大行，中小行的物理渠道十分有限。在成本控制方面，做小微金融，主要面临业务操作成本、风险控制成本的问题，过去那种模式下两种成本都比较高，导致小微金融可持续性十分差。随着技术的应用，银行大幅度地改造了小微企业业务流程、产品模式，一些流程线上化，由机器替换人工，实现了数据化审查、模型化审批和自动化管理。风险控制更精准的同时，还可以提高工作效率。不过，银保监会国际咨询委员会委员、工行原行长杨凯生表示，开展小微金融这类的普惠金融业务，要着力扩大金融服务覆盖面，在增加各类人群、各类企业合理金融服务需求供给方面，踏踏实实下功夫，并非简单的“快捷”二字能够涵盖，简单提倡“秒贷”并不科学。杨凯生提出一个需要深入思考的问题，提升处理业务的快捷程度是不是发展金融科技的唯一目的。虽然金融科技给普惠金融发展提供了条件，但是，金融机构是否可以主要寄希望于线上替代线下、数字技术和网络技术替代传统银行的审批，还有待商榷。杨凯生认为，普惠金融是一个多维度的问题，有一些问题仅靠互联网技术、大数据技术、金融科技难以完全解决。他提醒，如果仅仅通过碎片化数据就完成了对某个客户的信用评估，决定其是否能够融资、提供多少融资，显然是将信贷业务多年来首要的三大问题简单化了——借钱干什么，准备如何还，如果还不上如何应对。对于普惠金融业务中机器对人工的替换，杨凯生表示，应该区分信贷品种，根据客户类别设置一定阈值。有的业务满足一定阈值可以实行机器自动审批，有的则需要机器加人工审批，有的业务甚至还要有专家评估才行。从客户角度，杨凯生亦表示要审慎对待秒贷需求。他举例说，除了一些特殊情况，如果客户对自身生产经营所需要的资金到了当天就要、即刻就要的时候才申请贷款，一旦不能够即刻拿到，企业似乎马上就会出问题，是不是在一定程度上反映出企业对自身的经营状况前瞻性不足？这是不是银行考量客户经营管理水平的一个因素？因此，中国普惠金融研究院（CAFI）院长贝多广提到，对普惠金融的考核应该去考核各家金融机构有没有开发、覆盖别家机构没有覆盖到的客户，即考核新增客户、首贷客户。谁家做得好，能通过产品创新、数字化方法很好地覆盖和挖掘潜在客户，又得到老百姓的欢迎，这才是特别值得鼓励的。贝多广称，如果仅仅是增加了同业竞争，把别人的客户抢过去，特别是通过价格竞争来争抢客户，并不是政策考核的初衷。

（五）金融创新及技术创新耦合

在 2008 年金融危机爆发之后，学界针对此次金融危机的发生根源进行了细化分析，综合来看，目前最受学界认可的观点就是关于金融资本与产业资本、虚拟经济与实体经济、技术创新与金融创新的研究视角。

在分析金融资本和产业资本之间的历史经验和互动模式基础上可以得出以下结论：

1.金融创新与技术创新之间相辅相成

技术创新能够为金融创新提供更高的利润空间，而金融创新则可以为技术创新带来更多的资金支持，两者是相辅相成的关系。在经济发展的不同阶段，对于金融创新和技术创新的需求是不同的。在新技术系统还没有形成之前，金融机构能够对新兴市场起到一定的激励和辅助作用。在新技术系统完成之后，则要求构建一种多元和便利的金融结构市场。

2.技术创新促进了金融创新，但是技术创新无法为金融市场规避风险

金融市场是人造的，人的理性会影响金融市场的发展，金融工程就是人

创造的一种产物，是由人来设定参数和规则的，这也就意味着金融工程领域必然会存在各类风险。即便样本再大，也无法模拟到全部不确定性的因素，如果信息不完备或者监管不到位，就会带来一系列的风险问题。正是由于各类复杂性因素的影响，本身是为了规避风险而设计的金融衍生工具，也可能在金融市场中加剧风险。

3.产业危机是造成金融危机的深层次根源

实体经济的衰退导致虚拟经济危机出现，为了解决上述问题，就需要借助技术创新和制度创新来重振实体经济，技术创新是金融创新的根基，而实体经济则是虚拟经济的根基，如果虚拟经济和实体经济之间长期存在较大的偏离，那么就会引起风险。金融的本质属于过剩，这也是市场经济与自然经济最为明显的一个差别。在技术创新缺乏动力的时候，金融资本往往就会进入传统的房地产部门，制造出经济隐患和金融泡沫。如果要解决金融危机，促进经济发展，还需要优化经济结构，促进技术创新，为金融资本带来新的宣泄渠道，但是在实践中，往往很难做到两者兼顾。

第二节 数字金融的发展现况和改善对策

一、数字金融的发展现况

（一）概念界定

所谓数字金融，就是利用各类数字化技术手段降低金融服务的门槛和服务成本，以达成普惠金融服务的目标。数字金融包括两种类型，两者具有同等重要的地位：第一种是各类科技公司提供的新型服务和金融技术；第二种就是传统金融机构借助于数字化技术进行改革和创新。当前，数字金融的发展已经步入了 2.0 时代，金融、技术之间分工合作取得了明显成果，在数字金融的发展过程中，还需要明确互联网金融的作用，互联网金融主要是各类金融公司借助互联网技术等开展的金融活动，比如，常用的蚂蚁金服、微信支付就是互联网金融的代表。另外，还需要明确金融科技的概念，所谓金融科技，就是借助技术手段来助推金融创新，这对金融市场和金融发展产生了深刻影响，金融科技具有明显的技术性。

（二）数字金融业务

1.移动支付业务最为突出

在互联网金融的发展下，人们习惯利用手机来获取金融服务，当前，移动支付已经普及。截止到 2022 年底，我国第三方支付业务交易总量达到了 10241.81 亿笔，第三方支付交易金额约为 337.87 万亿元。与传统支付模式相比，移动支付具有明显优势，能够惠及社会大众，表现出了良好的发展前景。移动支付的优势表现在几个方面：第一，快捷便利、不受时空因素的限制，大大节约了消费者和商家的时间；第二，移动支付安全系数较高，能够杜绝假钞的使用，也便于商家的二次推广和营销。当前，移动支付已经在各个行业中得到了广泛使用，包括餐饮、娱乐、教育等等，充分满足了人们的差异化消费需求，人们依托于移动支付，能够便利地网购、缴纳生活缴费等，极大地方便了人们的生活。

2.在线投资也较为领先

当前，互联网金融以不可抵挡的态势得到了迅速发展，在各类业务的深度渗透下，人民群众的理财意识显著提升。近些年来，互联网金融“理财热”

受到了高度关注，互联网理财是基于“互联网+”时代诞生的一种新型理财模式，人们可以利用 App 来随时购买，方便、安全、灵活。互联网理财的门槛也较低，能够覆盖各个阶层群众，比如，余额宝和零钱通就抓住了小微客户，得到了人们的一致欢迎。另外，当前出现的各类在线投资产品手续简单、内容丰富，利用大数据等数字技术手段，使得理财服务朝着普惠性的方向发展。

（三）数字金融影响

1.促进居民消费

关于数字金融对居民的消费的影响，主要可以从三个方面来分析：

第一，在线信贷突破了地域局限，极大的拓宽了金融服务边界，使得用户信贷的可得性大大提升。互联网银行有着开放性、轻资产的特点，其成本也较低，能够为小微群体提供支持，使得人们可以便利地获取到信贷支持，能够实现跨期消费。

第二，在数字金融领域中，涵盖多种金融服务模式，包括各类投资、基金等，互联网理财在这一背景下迅速发展，这有助于资源的高效配置，能够提高投资者的收益，也增加了人民群众的投资意愿。因此，从某个角度来看，互联网金融的发展发挥出了财富的拉动效应，提高了人民群众的消费水平。

第三，数字金融成本低廉，使用便利，能够有效缩短人们的购物时间，也降低了人们的消费“痛感”，有助于刺激消费。借助大数据、互联网等技术手段，进一步降低了金融服务的成本，为人们的消费提供了更有利的条件。

2.推动创新创业

创业活动能够有效助推社会的创新，在数字金融的发展下，农民能够更加便利地获取到金融服务，大大激发出农民群众参与创业的积极性。另外，借助大数据，也能够帮助小微企业迅速地识别生产、经营中存在的信用风险，能够稳定企业的财务状况，有助于增强企业的创新能力。从近年来的实践来看，数字金融的发展有效减少了资金对小微创业者带来的约束，丰富了资金来源，提高了创业活动的收入，广大农户也积极参与到乡村振兴战略进程中，主动创业，由此也新增了大量就业机会。

3.提高就业和收入

数字金融在扩大就业上也具有明显作用：首先，数字金融能够降低融资成本，提高就业率，带动人们收入水平的提升；其次，金融也为创新提供了新的支持，在数字经济时代下，人们有了更多的就业和创业渠道，比如，借助于短视频、微电影、网络直播等，大大拓展了就业渠道；另外，在线上智能环境的普及下，为社会大众带来了更多的就业机会。数字金融可显著提高人们的理财收益，继而提高城乡居民收入；数字保险则为人们节约了购买成本，借助于各类技术手段，使得便捷、高效的理赔审核成为可能，也增加了人们的保险购买意愿，降低了意外风险对于居民的影响。

4.推动传统金融数字转型

数字金融助推着金融结构的变革，使得银行的服务模式也发生了显著变化。第一，银行能够利用算法来分析各类违约数据，有效简化了风险评估流程，提高了银行的业务水平，各个银行能够搭上“互联网+”时代的东风来进行渠道转型；第二，可推广自助银行，实现网点的轻型化改造。实践显示，发挥数字金融的技术效应和科技创新作用，能够显著优化银行的运营模式。另外，保险也朝着数字化的方向转型，特别是在2020年新冠肺炎疫情暴发之后，人们的线下流动消费减少，消费需求和投保习惯也出现了明显变化。在这一背景下，各个保险公司纷纷转型，通过“数据+渠道+产品”的模式为消费者提供了更多的投保机会。另外，数字金融也让保险数字化营销成为可能，各个保险公司与时俱进地推出了碎屏险、航班延误险等新型险种，设置了多个保险销售新触点，保险营销的思维也从传统的“保单”转移到了“客户”，满足了人们的个性化消费需求。

二、数字金融的主要风险

（一）流动性风险

在金融行业中，流动性风险时常可见，究其根本原因，主要是数字金融针对的群体是中小企业和普通消费者，其金融素质普遍不高，存在一定的盲目性，并且这类群体的财力基础相对薄弱，侧重于短线投资。由于数字金融的操作本身就比较便捷，短线买卖十分便利，这就极大地增加了挤兑可能性，由此带来的流动性风险更加突出。

（二）投资风险

在逐利最大化因素的影响下，带来了一定的投资风险，有些低信誉借款人为了迅速获取到贷款，愿意支付较高的利息，这就会影响其他借款人的竞争性。在数字金融发展过程中，投资人、借款人对双方的情况都不了解，投资人往往无法分析出借款人的资质，为了获取更高的利益，投资人多会选择高风险借款人，由此带来了较大的投资风险。

（三）政策风险

当前，关于数字金融的监管政策还不完善，为了降低数字金融带来的风险，国家也在不断完善和修订政策，在新的监管政策出台之后，会改变数字金融的业务流程和发展方式，这也会让一些本身能力较弱的数字金融企业退出市场。

（四）信用风险

所谓信用，就是对交易双方进行的评估，在传统金融机构中有着完善的信用系统，一般是进行一对一、面对面的沟通，这能够帮助金融机构了解客户的信用情况。在数字金融的发展中，对于借款人的信用评估只通过线上进行，因此，带来的信用风险也就较高。

三、数字金融的改善对策

（一）宏观层面的对策

1.规范行业的有序发展

在数字金融的生态环境中，包括法律、信用、市场三个方面，为了助推数字金融的有序、健康发展，需要从法律方面做出严格的监管，重视数字金融基础设施的建设。当前，与之相关的法律法规还较少，长期以来，国家法律文件的规定更加侧重于规范网贷行业，针对数字基金、数字众筹、智能投顾等缺乏明确的规定，对于数字金融的法律监管还比较匮乏，为了使数字金融平台能够实现良性的运转，需完善相关的法律法规，加快数字金融专项立法，使这项产业的发展能够有法可依，并以现行法律法规为基础补充条款制度，加强信息披露，降低不对称对数字金融发展的影响，保障交易的安全和真实。

2.引入监管沙盒

当前，对于数字金融的监管体系存在监管方式落后、监管对象错配等一系列的现实困境。在传统监管模式中，监管对象主要是针对一些传统的金融机构，比如银行、保险公司、证券公司等，对于各类小微金融科技公司、信息科技公司的监管不到位。为了解决这一问题，有必要推行监管沙盒制度，借鉴其他国家的监管经验，兼顾到效率和公平方面的需求，充分保障金融消费者的合法权益，避免风险传导。另外，要注意的是，我国长期以“一元多头”

的金融监管模式为主，导致监管市场中存在机构交叉等问题，数字金融的产品本身就有着多环节、多层次的特点，如果某个节点出现风险，将会迅速传导，引发系统性的风险，因此，还需要改革监管体系，不仅要发挥出一行两会的监管作用，还要提高自律协会的监管功能。监管机制也应当是多元化的，注重发挥出公众的监管作用，从政府的单一监管转化为金融机构、社会、公众、地方协会的多项监管。

3.加强市场准入

在数字金融的发展初期，必然会出现良莠不齐的情况，这在任何行业的发展初期都是无法避免的，有的数字金融平台管理团队不够专业，没有将平台资金和客户资金很好地隔离起来，甚至于一些平台投资人跑路，还有的平台涉嫌高利贷、非法集资等问题，由此诱发了一系列的风险。因此，在互联网发展的进程中，需要严格做好准入监管工作，明确具体的准入标准，合理设置门槛。

（二）中观层面的对策

1.建立风险预警

数字金融属于互联网金融的重要组成部分，也应当接受金融协会的管理和监督，对此，要求行业协会发挥出收集信息的功能，对数字金融平台特别是第三方平台进行风险监测和处理，规范行业协议，将各个第三方平台纳入其中，设置会员制度，提高企业的风控水平和经营能力。

2.培育服务机构

数字金融行业涉及的服务机构有征信机构、咨询机构以及评级机构，这类第三方机构能够营造出良好的监督氛围，促进行业体系的顺利形成。因此，我国可以借鉴其他国家的经验，鼓励社会团体出资成立第三方服务机构，为了避免出现虚假违规征信的问题，对于个人和企业的信用评级需要由两家以上的第三方信用评级机构来出具报告，还可构建第三方服务机构自律管理协会，明确具体的管理准则，提升服务效能。

3.推行资金存管

资金存管属于第三方资金银行存管制度，其资金由第三方存管机构进行操作，平台严禁挪用，这是针对数字金融平台开设的专门账户。为了促进数字金融的发展，可以建立资金存管制度，完善保障机制。当然，第三方支付机构也存在风险，如果其跑路或者倒闭，就会影响数字金融平台的发展，因此，需要由国家方面出手，构建完善的第三方资金银行存管制度，发挥出商业银行的作用。

4.开展穿透式监管

当前，我国实施的是分业监管体制，而数字金融是一种新型模式，有着跨界经营、混业经营的特点，传统监管体系很难对数字金融进行全面化的监管。因此，在数字金融的监管上需要推行穿透式的监管模式，将功能监管、行为监管之间结合起来，最大限度地减少监管盲区，避免系统性金融风险的发生。

5.强化安全管理

强化安全管理的目标是减少道德风险、技术风险和信用风险，具体来看，可发挥第三方电子认证机构的作用，对网站内容的真实性进行全面验证，建立可信的资金链和信息链，加强事前防范机制建设，为数字金融的发展提供安全的网络空间。还要大力完善电子认证、安全监测等技术手段，保证用户数据识别的准确性，最大限度保障个人和企业的资金安全。另外，还要构建风险分析和监测体系，针对数字金融发展的风险做好预警工作，及时发现风险隐患，避免出现区域性的金融风险问题。

（三）微观层面的措施

1.提升技术水平

信息技术在风险预警以及用户识别中发挥着不可或缺的重要作用，也是助推数字金融创新的关键之处。但是，在信息技术的应用过程中也会出现数据安全等一系列的风险，风险的精准识别就至关重要，需要依托生物识别、身份识别、虹膜识别、人脸识别等方式，高效识别用户，精准识别出数字金融产品存在的风险和金融生态环境的变化，最大限度降低金融风险的发生率。

2.加强自我约束

当前，提供数字金融产品的各类金融科技公司专业性较强，风险比较隐蔽，不容易被察觉，监管起来难度也较高，因此，有必要针对各类主体建立完善的激励机制，提升其参与自我约束的积极性，主动开展自我防控和自我约束，以减少系统性风险的发生。

3.鼓励行业自律

科学的风险防控方式既要发挥出企业自律监管机构的作用，也要提高个人的金融素养。鼓励行业、单位建立自律组织，制定符合大多数数字金融平台利益的行业规范，使得数字金融能够更好、更快地发展，弥补国家在立法和监管上存在的不足。

4.加强投资者保护

数字金融有着普惠性的特点，这与传统金融不同，参与数字金融的投资者也较多，并且投资者的金融素养各有差异，风险识别能力不同。对此，需要构建完善的投资者保护机制，加强宣传教育工作。一是需要完善适当性制度，对投资者进行适当性管理，为不同投资者提供对应的产品和服务；二是要完善纠纷解决和赔偿机制，构建出畅通的投诉渠道，保护好投资者的合法权益；三是重视教育工作，发挥广播、电视、网络、报刊、公益讲座等多种形式的教育作用，提高投资者风险意识，提升其风险识别能力和自我保护能力，鼓励投资者理性投资；四是要严打各类违法行为，包括洗钱犯罪、恶意欺诈、非法集资等等。

四、我国数字金融创新与发展的政策建议

2020 年 10 月 24 日，王岐山在第二届外滩金融峰会开幕式上发表视频致辞时指出："要坚持金融创新与加强监管并重，在鼓励金融创新、激发市场活力、扩大金融开放与金融监管能力之间寻求平衡，寓管理于服务之中。"中国共产党第十九届中央委员会第五次全体会议通过的《中共中央关于制定国民经济和社会发展第十四个五年规划和二〇三五年远景目标的建议》，对完善现代金融监管体系作出了部署。2020 年 10 月 31 日，国务院金融稳定发展委员会召开的专题会议指出，"当前金融科技与金融创新快速发展，必须处理好金融发展、金融稳定和金融安全的关系""既要鼓励创新、弘扬企业家精神，也要加强监管，依法将金融活动全面纳入监管，有效防范风险。监管部门要认真做好工作，对同类业务、同类主体一视同仁"。

（一）引导数字金融回归本源

理性发展立足于服务实体经济，合规经营、回归本源将是未来数字金融发展的基本导向。一方面，金融科技将为各类型数字金融企业平台开展业务，丰富产品服务类型、产品渠道；另一方面，金融监管科技将为监管提供更有力的保障，从而使以事后监管、处罚为主向事前监督预警方向发展。

（二）构建更加强大的线上监管平台

构建完善的线上监管平台是必不可少的，因此，中央和地方金融监管部

门需要发挥主导作用，建设监管协调机制，建立常态化的线上风险预警机制，提升跨区域、跨部门、跨市场的风险识别和处理能力，建立完善的金融监管信息平台，促进各方的信息识别和共享，为监管工作提供支持。

（三）推动政府数据有序开放共享

政府数据有着巨大的商业价值，就当前来看，我国政府数据信息系统的建设还处于初级阶段，在实践过程中，出现了顶层设计不完善、标准不一等问题，导致海量的政务数据没有被充分利用，因此，相关部门需要明确具体规范，促进政务数据的有序共享，为数字金融的创新和发展提供数据支持。

（四）防范“大而不能倒”的市场风险

参照“大而不能倒”的系统性金融机构或金融控股集团，采取宏观审慎的方式对大型金融科技公司进行监管迫在眉睫。一方面，参照传统金融机构监管的方式对其资本充足率、资产负债率、信息披露等提出更高更严的要求；另一方面，不能照搬传统金融机构的指标，全部拿过来套到它身上，而应当创新监控体系，实施创新性的监管，建立健全大型金融科技公司的防火墙，防止风险的交叉和传递。

（五）更加重视金融消费者权益保护

与发达国家相比，我国金融消费者的风险意识相对较弱，很多消费者对于参与数字金融并不理性，近些年来出现的各类网贷平台跑路事件就为数字金融的发展敲响了警钟。在发展数字金融的进程中，需要重视对消费者、投资者权益的保护。在 2020 年 11 月 1 日，我国正式施行了《中国人民银行金融消费者权益保护实施办法》，在今后一个阶段，需要逐步细化规章制度，根据数字金融的发展情况强化对金融消费者的保护，提升金融机构的行业自律，通过教育、宣传等渠道提高消费者的金融素养。

（六）不断完善数据体系等基础设施建设

在金融体系之中，金融基础设施的建设是必不可少的，可以说，基础设施属于金融体系的底盘，如果基础设施的建设不当，那么，将会给金融市场的发展造成极为负面的影响。金融基础设施的建设是一个复杂的工程，需要发挥政府、行业协会的合力，共同建设征信平台，将各个分支机构纳入征信系统，健全数字金融的发展规范，明确确权和定价机制，通过抓好基础设施的建设来促进数字金融的稳定发展。

第三节　产业数字金融

一、拥抱产业数字

在金融时代下，得益于数字化的推动，缔造出了一个个全新的业态方式，在发展进程中，既要关注新型数字技术，还要关注新的商业模式，只有充分兼顾到上述两点，才能够实现数字化的真正发展。如果只是将重点放置在技术层面，没有将技术和业务深度结合起来，那么，数字化建设必然会失败。结合C端的数字金融发展，第一轮竞争主要是消费金融生态的建立，目前已经相对成熟，在监管趋严的背景下，各机构定位和职能分工以及在产业链中的角色相对清晰，成效已经展现，消费数字生态基本建立。其中金融机构价值创造的关键核心是技术风控，数字化的风控技术针对C端相对容易，但针对机构端还存在很大发展空间。产业（这里产业主要指生产端、制造端，包括生产流通机构）数字金融现在处于发展的风口，业界已经意识到产业数字金融的重要意义，这之后，我们如何实现产业数字金融发展，相关的方法和路径成为重点。

从产业金融的发展历程看，呈现出“中心化、线上化、数字化”逐渐递进的过程。从早期的1.0版的中心化、电子化，到2.0版开始的线上化发展，形成很多线上化的解决方案，目前的数字化阶段可称之为3.0版，此时才真正开始实现商业模式的创新。除传统金融机构外，现在大量的金融科技公司也参与其中，并取得了较重大的技术突破。产业数字金融具有几项新特征，其中最重要的特征是全流程数字化以及核心风控技术的数字化。对金融机构来说，金融风险管理和风险控制是核心要义。我们常说金融业其实是经营风险的行业，风险意味着风险定价、风险管理和风险控制，而这一切在产业数字金融时代均可以通过数字化手段实现。模式进化打造产业数字生态圈在传统产业金融模式中，核心是围绕核心客户的授权和确权，例如金融科技在供应链融资领域的应用。虽然服务大企业有其必要性，但对银行来说价值更多在于服务中小企业。目前银行针对小微企业的信贷问题已经做了很多工作，一定程度上解决了小微企业融资难、融资贵的问题，但很多时候风控基于企业主的个人信誉，严格意义上与消费信贷针对个人C端的客户风控没有实质的区别，并未形成针对企业自身的数字资产风控评价、定价。因此在传统产业金融服务模式中，我们需要依托大企业，尤其是供应链上下游的核心企业，利用它为中小企业客户提供担保或应收账款信息进行确权，并在此基础上提供授信，所以传统产业金融服务模式有核心客户的概念。传统产业金融模式虽然提高了效率，但没有脱离企业的确权约束，一方面不能通过交易行为、生产行为过程中的数据作为增信依据，需要以核心企业为中心；另一方面只形成了模式的线上化，并未形成数字化，没有创造新的业态和商业模式。产业数字金融是一种模式的创新，需要打造产业数字生态圈，与 C 端数字金融服务截然不同，在服务众多 B 端客户的时候，商业银行需要将自身服务嵌入到场景中去，嵌入到客户的日常生产经营活动中去，才能真正实现产业数字生态圈的建立。在产业数字金融中，银行针对自身数字化程度很高的大客户，更多是互补的关系，双方实现互联互通；而针对中小型客户，银行则承担赋能和技术输出的角色。

二、产业数字金融的技术实现

特征一：从积累数字资产到挖掘数字价值、创造数字信用，再到形成数字担保，最终形成循环。

特征二：银行开放金融平台的建设。银行的架构必须是开放式的，需要构建开放式的金融平台，才能够与外部客户互联互通；另一方面可适应更高的监管要求。在实现底层数据的打通和汇集后，后续才能实现输出和赋能，将金融服务嫁接、嵌入到企业、产业场景中，所以开放银行建设非常重要。

特征三：两个核心技术的突破尤为重要，即授信技术和数字化智能风控技术。

特征四：实现 e 秒授信、e 秒放款和 e 秒支付的 e 级客户体验。数字是企业重要实体资产，也是产业数字金融基石。

过去传统资产的特点主要是：第一，由交易形成的积累；第二，企业自主拥有；第三，资产可以带来预期效益，只有能为企业带来预期经济利润的才能称为资产。企业的数字资产虽然是无形的，但是也具有这些特征，因此数字化时代，数据将成为企业的核心资产。

产业数字金融核心本质是实现四个数字层次：第一，要积累数字资产。以供应链体系为例，从供应链开始，就需要数字资产的积累；第二，数字价值的挖掘；第三，形成数字信用；第四，以自身的数字资产作为数字担保，不再依靠第三方担保，企业可以不局限于财务数据、资产负债、损益数据，而是依靠交易行为等数据，形成有效资产担保，形成未来的产业数字金融模式。信贷只是产业数字金融的一方面，还包括支付结算体系、支付结算服务的管理等方面，银行很多业务都在积累数据，每个业务都可以实现数据的积累和转化。

产业数字金融实施的基础是两项数字技术突破——数字化授信技术和数字化智能风控技术。这就要求银行需要尽可能细颗粒度的企业维度数据，才能够形成抓取和组合，满足不同需求。这些数据包括：交易链数据、中间过程数据、小企业主个人信息、企业间合同关系等。过程中存在很多挑战，不仅需要处于核心的数字化风控建立，还需要审批模式的改变、客户范围的变化等。例如：从审批客户变成审批模型、算法；原来看企业的担保、抵押物，未来看模型算法的容忍度。其中，金融科技重要的贡献在于实现长尾客户的覆盖，提高对小微企业的服务效率，实现批量获客、开发、审批，形成自动化的审批模式。

在产业数字金融科技平台搭建方面，银行需要建设产业数字金融科技平台，实现内接外联服务产业场景。首先，要实现客户入口端的线上化，形成前中后台的数据共享和业务协同，实现业务办理的全流程线上化；其次，实现开放银行体系的建设，实现开放银行体系和外部场景端的相互结合；最后，形成技术平台的构建，例如区块链平台和大数据平台。产业数字金融的核心是让全产业链享受到数字红利，特别是推动银行赋能助力产业发展、优化产业生态、实现数字增值和普惠金融的精准滴灌。

三、基于区块链技术的数字普惠金融产业升级

（一）普惠金融产业存在的问题

近些年来，国家高度重视普惠金融产业的发展，普惠金融也取得了一定的成果，但是截止到目前，普惠金融并没有实现真正意义上的普惠。在实践中，“普”和“惠”两者之间存在矛盾，常常是无法兼得的。享受金融服务的群体依然是传统金融环境中具有一定门槛的人群，金融机构往往会将低收入群体、小微企业等排除在外。尽管这一群体能够享受到一些普惠金融产品，但是产品类型非常少，服务体验也不理想，加之此类人群的信用记录不太理想，金融机构为了避免风险，就会设置严苛的条件。

（二）基于区块链技术的数字普惠金融

在数字化普惠金融的发展进程中，数字技术是其基础所在，利用各类数字技术，能够为消费者提供全面、方便、平等的普惠化金融服务。在普惠金融的发展中，区块链技术是需要高度关注的一项技术，利用区块链，能够促进数字普惠金融的产业升级。区块链技术目前已经在供应链管理、数字资产、智能合约、大数据交易、跨境支付等领域中得到了广泛使用，大大降低了监管成本，提升了相关机构的盈利和风险控制能力，促进了价值金融的转型，也为普惠金融的实现带来了更多可能。区块链技术与金融市场的发展是高度契合的，能够保障信息与资产的透明，保障其发展的安全性，综合来看，区块链技术与数字金融发展的契合性主要表现在三个层面：

第一，去中心化特点，区块链技术能够自动执行设定的关系和交易规则，其信息是公开透明的，能够确保交易的公平、真实和有效，有助于完善普惠金融信用体系，减少信息不对称带来的金融风险。

第二，区块链有着匿名性、自治性的特点，各个节点可在信任的环境中交换数据，杜绝人为因素的干扰，在交易时，双方是不需要实名制的，这使得金融交易更加可靠、安全。

第三，区块链具有开放性的特点，区块链公共链可以对所有用户群体来开放，不管是交易者、监管者还是用户，都能够借此查询区块信用数据，这提升了普惠金融交易的透明度，能够帮助特殊群体和中小企业解决融资困难的问题。

（三）数字化普惠金融的发展需发挥政府的牵头作用

政府对新生行业的支持，需要制定一个从松到严层级递增的监督系统。

第一层级在于对普惠金融产业风险建立适当的容忍机制。在一项新兴产业从诞生到发展的过程中，离不开政府的监督和管理，这是一个从松到严的逐步发展过程。在初级发展阶段，需要建立容忍机制，促进行业的自律化发展，受到价值规律的影响，借助市场的自我调节机制能够提高各类资源的利用率，使得金融机构能够对市场信号做出及时反应，市场的调节功能也能够为金融市场发展释放有效信号，从而鼓励金融机构从自身着手，主动维持整个金融市场的稳定性。但是完全依靠市场的自律机制也会出现盲目性和自发性的问题，因此，在此基础上需要建立普惠金融行业协会，加强自律机制的建设，邀请各个商业银行、普惠金融机构纷纷参与进来，给政府的监管做有益补充。

第二层级在于针对普惠金融产业的业务操作环节实施有效的动态监管，充分利用区块链等技术，将信息及时披露、信用数据及时共享、资金流转及时明确。监管部门需要及时建立信息披露及制度，快速识别普惠金融发展中出现的风险问题，借助这种方式，能够明确普惠金融发展的动态，分析其中的风险，根据评估结果，由政府来制定监管制度，明确具体的监管方向和监管范围。监管部门还要重视普惠金融产业背后的平台管理，坚决杜绝非法集资。

第三层级，普惠金融产业作为金融体系中的新兴领域，其监管制度也要不断创新发展。要构建统一的监管机制。从当前我国普惠金融产业的发展情况来看，其中出现了一些突出问题，部分金融机构未能及时征集投资者的各项信用信息，对此，监管部门需要完善监管机制的建设，采用原则监管、规则监管结合的方式，促进线下监管、线上监管的深度结合，并且积极利用区块链技术，对普惠金融产业发展中的风险进行全面监控，利用网络数据来深度挖掘，及时预测产业风险的发生，避免整个普惠金融中出现系统性风险。在风险的监测活动中，需要定期更新评估尺度，及时把握风险的发生苗头。另外，在普惠金融的发展过程中，需要由国家制定一系列的保护政策方针，积极开发核心产品，建立核心数据保护制度，针对普惠金融的各项内容来构建完善的安全解决方案。

（四）平衡金融机构、普惠金融平台、服务对象三方利益，进一步彰显普惠之“惠”

从我国当前实施的征信模式来看，由央行负责信用授予，收集的信用信息包括各类资金借贷往来记录等，借助互联网、大数据等技术，能够构建出一种信用价值共享中心。但是，目前这一信用体系并没有完全覆盖到所有的人群，特别是在普惠金融的发展中，没有将中小微企业、农村低收入人群纳入其中。这类人群具有一定的特殊性，其面临的信用风险相对较高，信息收集费用也较为昂贵，因此，为了提高收益，各个金融机构往往不会选择为此类群体提供金融服务，这就导致普惠金融之间出现了“普”和“惠”之间的矛盾。对此，需要发挥区块链技术的作用，重新优化征信体系，增加分布式记账功能，各个机构可利用区块链来征集客户信息，发布到整片区块中。在区块链中，信息是不能被篡改的，因此，这种模式的实施保障了信息的透明、真实，也便于监管部门的实时追踪。区块链技术的应用能够帮助金融部门扩大普惠金融群体，减少了信息不对称造成的风险，使得金融服务的普惠性大大增加。

（五）对下层基础设施建设来说，继续加快网络基础设施建设，实现互联互通全方位汇集

根据短板效应来看，在经济发展的进程中，不能仅仅关注城市的发展，还必须要提升农村经济的发展速度。只有兼顾到城市和农村，才能打造“经济强国”。从当前的发展情况来看，农村地区受到基础设施建设、交通、经济、居民意识等各类因素的影响，其经济发展水平相对滞后，要建设经济强国，必须要主动发现新的经济增长点。目前，我国农村经济在这一方面还大有可为，发展普惠金融产业，能够在城、乡之间建立资金融通平台，对于农村经济的发展具有良好的催化作用，可以便捷地将社会资金和资源聚集起来。在发展进程中，还需积极扩大网络覆盖面，全面支撑农村普惠金融的发展，为更多的群体提供资金支持。

四、数字普惠金融发展对产业结构优化升级的影响

（一）数字普惠金融对产业结构优化升级的积极作用

在金融行业的发展进程中，会受到产业结构、经济增长等各类因素的影响，并且相互之间是正比关系，金融本身对于产业结构的优化就具有一定的支撑作用，对此，在助推普惠金融的发展进程中，需要明确普惠金融对于产业结构优化带来的作用，发挥出政策支撑作用，助推普惠金融制度的改革和创新，以充分彰显出普惠金融对于产业结构优化调整的重要作用，进一步挖

掘普惠金融的价值和功能。数字普惠金融对于产业结构的积极影响主要表现在几个方面：首先，发展数字普惠金融能够助力形成资本市场，改变传统的产业结构，比如，很多中小型企业尽管技术创新能力较强，但由于发展规模较小，资金不足，大大影响了企业的发展，而通过数字普惠金融，能够为具有创新力的中小企业提供更多的资金支持，使之能够在产品研发等方面实现突破，这对于传统产业的转型能够起到一定的推动作用，因此，数字普惠金融能够改变传统的产业结构。其次，发展数字化普惠金融能够对资本起到导向作用，共同助力产业结构的优化调整。数字化普惠金融是数字化技术与普惠金融的结合，具有强大的数据分析功能，能够促进资源的合理优化和配置，从而实现资源的合理流动，能够使资源流入到更多具有支撑作用的产业中，为此类产业提供更多的资金支持，助力产业结构的优化调整。最后，发展数字化普惠金融有助于产业结构的优化和升级，其中最为突出的表现就是信用扩张作用，信用扩张能够有效提高资金的利用率，加速形成资本市场，对主导产业产生一定的影响，使各个产业之间能够建立出一种合作关系，共同为产业结构的优化升级提供支持。

（二）产业结构优化升级视域下数字普惠金融存在的问题

在我国经济结构的转化下，产业结构的优化升级已经成为一项重要的国家战略，在产业结构的调整进程中，金融的支撑作用是不容小觑的。从我国的发展历程来看，金融行业对于产业结构的调整依然有着较强的支撑力，但目前数字普惠金融还没有充分发挥出作用，具体来看，数字化普惠金融发展的问题主要包括：

1.发展理念滞后

只有明确产业结构优化调整背景下数字金融发展的问题，才能促进数字金融产业的结构优化和升级，使得数字普惠金融能够实现可持续发展。具体来看，数字普惠金融发展的问题主要集中在理念方面。目前，数字普惠金融还是一项新生事物，很多地区没有充分认识到数字普惠金融对推动产业结构优化调整的作用，在产业结构升级、数字普惠金融两者的结合上还比较薄弱，很多金融机构在这一方面的投入也不足，比如，没有充分将数字普惠金融和乡村振兴战略融合起来等，这就影响了数字普惠金融的发展进程。

2.经营思路落后

除了理念上的问题之外，还有大量金融机构没有对数字化普惠金融的经营思路进行转型，缺乏创新能力，这也影响着数字普惠金融的健康发展，比如，很多金融机构在转型过程中没有对中小企业予以足够的重视，中小企业的“融资难、融资贵”问题并没有得以从根本上解决。在数字普惠金融的发展过程中，也没有发挥出对创新型中小企业的扶持作用，另外，一些地方政府则没有从产业结构方面来助推数字化普惠金融的发展。

3.发展体系不够完善

当前，数字普惠金融的发展还处于初级阶段，整体体系不够完善，部分地区的地方政府没有将数字金融发展纳入整体规划，也未对数字普惠金融的发展提供良好的环境政策，相关的规划和实施方案比较少，这也导致数字普惠金融的发展一直停滞不前。此外，尽管一些发达地区针对数字普惠金融的发展予以政策上的扶持，但是，数字普惠金融没有与产业结构深度结合起来，两者的互动性远远不够，并且目前的人才也未能满足数字普惠金融的转型和发展需求。

4.发展模式还有待更新

要发挥出数字普惠金融对于产业结构优化升级方面的作用，还需要完善数字普惠金融的发展模式，但大多数地区数字普惠金融还没有与当地的产业结构优化升级结合起来，比如，在很多地区，没有优化数字普惠金融的配置，大数据分析市场的需求较少。除此之外，由于我国各地的经济发展水平不同，数字普惠金融在发展进程中出现了明显差别，东部和沿海地区发展进程较快，西部地区的发展速度较慢，因此，怎样平衡数字普惠金融的发展，也是需要关注的重点问题。

总之，数字普惠金融对于产业结构的优化升级具有重要影响，特别是在促进产业结构的调整上具有良好的支撑作用，在发展数字普惠金融的实践进程中，需要使之与产业结构的优化调整深度结合起来，从发展理念、经营思路、发展体系、发展模式等各个方面积极创新。

第四节　数字金融驱动经济高质量发展的机制与路径

随着数字化时代的到来，金融行业也迎来了新的机遇与挑战。数字金融作为信息技术和金融业的深度融合产物，正在显著改变着金融行业的发展模式、业务形态和监管模式，成为促进经济高质量发展的重要驱动力。本节将围绕经济高质量发展的数字金融驱动机制与路径进行深入剖析。

一、数字金融驱动经济高质量发展的机制

数字金融作为新兴金融业态，拥有不同于传统金融业的优势。首先，数字金融具有高效性；其次，数字金融具有全球性。数字化技术的应用打破了

传统金融业的地域性限制，任何一个地区的个人、企业均可参与进入数字金融系统，拓宽了融资渠道。数字金融驱动经济高质量发展的机制主要体现在以下方面：

（1）扩大金融服务市场空间。数字金融打破传统金融业的地域限制，为更多的个人、企业提供便捷的金融服务，拓宽了市场空间。

（2）提高金融服务效率。数字化技术的应用使金融交易的效率大大提高，缩短了交易周期，提高了资金利用效率，有利于提高企业的效益。

（3）支持企业风险管理和增收。数字金融具有高质量的数据资源，利用数据分析，可以更好地支持企业风险管理和增收。

二、数字金融驱动经济高质量发展的路径

数字金融如何为经济高质量发展提供有力支持、发挥重要作用？关键在于需要从多个层面进行着力。

（1）加强数字化技术的应用与研发，推动数字化技术与金融业的深度融合，突破数字化在金融领域的瓶颈。

（2）加强对中小企业的支持，拓宽融资渠道，促进金融服务市场的健康发展。

（3）加强对信息技术和金融的深度融合，推动金融服务效率的提高，促进经济高质量发展。

（4）加强金融产品和服务的研发和创新，适应市场需求变化，满足不同群体的金融服务需求，提高金融服务的覆盖面和深度。

（5）加强金融监管，建立健全的金融市场监管机制，保障金融市场的健康发展，防范金融风险。

（6）探索协调统一的数字金融监管路径。我国对传统金融监管以分业监

管为主，而数字金融为跨行业、跨市场的金融新业态，传统金融监管框架下很难对其进行有效监管，加之数字金融发展时间短、发展速度快，对我国金融传统金融业带来巨大冲击，这也给我国金融监管体系带来了巨大挑战。因此，我国对数字金融监管可尝试探索协调统一的数字金融监管路径，以实现协同监管效应。一是明确各方监管责任，强调协同监管与分业监管并重。从我国对传统金融体系监管的现实出发，数字金融可能仍以分业监管为主，如数字金融支付业务由央行负责、数字金融平台由证监会负责等。然而，随着我国数字金融的快速发展，金融产品创新也将层出不穷，为保障数字金融良性发展，达到监管效果，有必要强调协同监管的重要性。具体而言，首先，在明确“一行三会”仍是金融业监管的“主力军”的同时，划定工商、税务等部门的监管职责，加大数字金融检查力度，协同防范数字金融区域风险；其次，数字金融使得金融服务边界更为模糊，必须强化各部门的内部通信，实现信息共享；最后，在“一行三会”的主导下，明确监管标准，注意监管尺度，鼓励金融创新。二是规范行业行为，强调行业自律。我国对数字金融还没有进行有效的监管，在这一过程中数字金融行业自律行为将至关重要。在数字金融发展中，成立数字金融行业协会，出台行业发展规则和标准，约束、规范企业行为。同时，发挥龙头企业带动作用，引导其他企业规范发展。三是合理安排行业自律与政府监管。政府监管与行业自律各有各的优势，行业自律更强调监管的自觉性。在监管过程中，要合理安排行业自律与政府监管，双方可定期对金融创新、风险范围等问题展开及时沟通，从而在避免抑制金融创新的同时，规范了数字金融发展。

（7）参与数字金融国际监管活动，提高国际金融治理话语权。2016 年，由中国牵头制定的《G20 数字普惠金融高级原则》，业已成为国际数字金融发展的重要原则，并成为各国数字金融发展的重要指引性文件。中国已成为数字金融发展的“领军者”，通过主动制定数字金融发展的行业标准，为各国数字金融发展提供指引。在此基础上，我国还应把握数字金融发展的领先窗口期，积极参与数字金融国际监管活动，与国际组织和各国建立数字金融监管沟通机制，并做好数字金融发展与监管的国际规则制定工作，提高国际金融治理话语权。

总的来说，数字金融作为信息技术和金融业的深度融合产物，是经济高质量发展的重要驱动力。在数字金融的推动下，金融服务市场的空间得到了拓宽，金融服务效率得到了提高，企业风险管理和增收得到了更好的支持。此外，推动数字金融与金融业的深度融合、创新金融产品和服务等都是数字金融驱动经济高质量发展的路径。我们应当加强数字化技术的应用与研发，加强对中小企业的金融支持，拓宽融资渠道，促进金融服务市场的健康发展，以此推动经济高质量发展。数字金融的出现和发展，确实给经济高质量发展带来了重要驱动力，但同时也带来了一定的挑战和风险。我们应该合理利用数字化技术，推动数字金融与传统金融业的深度融合，提高经济金融支持的效率和质量，以此为经济高质量发展提供更多的支持和保障。与此同时，政府监管也需要加强，以保障金融市场的稳定和健康发展。让数字金融成为助力经济高质量发展的一把“利剑”。

第六章　数字治理发展

第一节　数字治理概述

进入了新的历史时期之后，数据已经成为重要的资产和资源，各个国家的竞争已经成了数据之间的竞争。但值得关注的是，数字化生存也带来了一系列问题，在这一背景下，数字治理引起了各国的高度关注。

一、数字治理的内涵

数字治理是一种新型治理方式，是在数字经济时代下诞生的，也是随着数字技术在各领域广泛应用下出现的一种新型治理模式。从内涵来看，数字治理可从两个方面来理解：一是基于数字化的治理模式；二是对数字化的治理。基于数字化的治理模式就是将数字化作为治理手段，以提高治理效能精确研判、及早预警；对于数字化的治理，就是针对各类数字问题采用的治理方式。目前，对数字化治理的内容包括两种类型：一是在数字时代发展进程中社会、经济、文化中暴露出的问题的治理，比如数字鸿沟、数字垄断、智能化情感等等；二是数字技术应用过程中出现的一系列风险问题，比如黑客、病毒、信息污染等等。数字治理囊括的范围较广，涵盖微观领域、中观领域和宏观领域。宏观领域有全球化的治理、社会化治理等；中观领域有产业治理和行业治理；微观领域则包括平台治理、社群治理等。数字化的治理和基于数字化的治理两个内容之间是相辅相成的关系，也是不可分割的。

数字治理从诞生伊始，就表现出了重要的作用，具体需从三个方面来分析：一是数字化转型的客观要求。在新冠肺炎疫情中，数字化技术得到了广泛使用，各类技术手段相互融合，世界已经步入了以数字化趋势为核心的全球化发展阶段，在数字化的赋能下，促进了资本服务和商品之间的流动，数字技术也对多个领域产生了深刻影响，实现了实体世界、虚拟世界之间的深度融合。二是数字化的相互依存。三是数字风险的相关问题。在数字化的发展进程中会出现数字风险，这无法避免，比如数字安全问题、数字分配的结构失衡、数字媒体异化、数字垄断、数字空间的隐私权保护等等。数字技术在社会、国家发展的利用过程中也出现了一系列涉及安全性的问题，这对于数字治理提出了更高要求。

二、数字治理的难点

关于数字治理工作中的难点，主要表现在三个层面：

一是数字治理边界模糊。由于数字化的特殊之处，导致国家的安全空间变得模糊。数字技术的应用并不局限在一个国家中，由此也会引起执法权、管辖权方面的重叠问题。另外，各类新技术的迅速发展让数字治理边界表现出动态化的特点，当前，数字技术已经深入到交通、医疗、通信、能源等诸多领域，让数字安全威胁并不单一存在，表现出了复杂性、动态性的特点。

二是数字治理行为和动机之间出现差异。关于数字治理工作，需要考虑到消费者、经济组织、国家等诸多主体之间的联系。当前，全球化的数字治理危机已经出现，这种危机主要源自各个治理主体行为和动机的差别，之所以出现这一方面的问题，是由于各国经济发展水平不同，数字发展的阶段也各有差别，各个国家对于数字领域的理解和界定具有差别，因此，在数字治理的优先级上也是不同的。

三是数字治理权力的竞争性。当前，各个国家的数字治理行为主体表现出了“权力流散”的特点，在全球层面上，整个数字治理格局出现了霸权性的问题，各个国家的数字治理博弈是规则和科技之间的博弈，各发展中国家为了保护本国市场，对于数字治理工作表现出明显的保护主义倾向。

三、数字治理的着力点

关于数字治理，可以从几个方面来理解：

从工具理性和人的主体性来看，在数字治理的实践进程中，需更加凸显出数字治理的工具理性，并且也会淡化人的价值、创造力和主体性，受到工具理性思维的影响，行为体只是单一追求动机和效率，没有充分关注到人的责任、情感和道德。在科技创新中，人是起着主导地位的，因此，数字治理工作中必须要充分考虑到人的自然权利和社会权利。

从公权利和私权利角度提升数字治理的多元性。数字化公权利具有扩张性的属性，个人生活、社会发展的细微之处都会成为数字化公权力的内容。当前，参与数字治理的主体是政府和数字企业，公民在其中的地位是一个弱势群体。因此，为了实现数字善治，需要促进政府、企业、用户之间的交流，建立起多元互动的数字化治理生态体系，而政府需要发挥出主导地位，行使好对企业的监管职责，保护好消费者的合法权益。

明确规制和活力之间的关系。两者的关系会影响安全与发展，要实现发展，那么必须要建立在安全的前提基础上，发展则能够为安全提供保障，两者之间是一种同步推进的关系，既要关注安全，也要重视发展。在数字善治模式下，需要做到包容创新、审慎监管，明确安全和发展之间的关系。

强化数字主权、数字合作的联系。目前，在各个国家的发展进程中，对于数字主权予以了高度关注，数字主权也成为关乎国家利益的核心要点，各个国家也围绕数字主权展开了博弈和互动。实际上，数字善治不应该只体现在国家层面意志，也要保护产业与个人权益，通过此来提升整个国家的竞争力。同时，将利益相关方纳入其中，建立起全球数字合作框架体系，以此来提高数字治理的可持续性，建立起安全、和平、开放的数字化环境。

第二节 数字治理基础设施体系的建设

一、数字治理基础设施的基本概念

数字治理基础设施在新型信息技术的基础上诞生，以信息网络作为基础，将各类信息化技术集成起来，满足数据的感知、传输、存储、计算要求，新型基础设施体系能够对社会经济的发展起到支撑作用。从狭义角度来看，数字治理基础设施就是信息基础设施，是在新一代信息技术支持下发展的基础设施；从广义层面来看，数字治理基础设施除了信息基础设施之外，还有各类融合性的基础设施，数字治理基础设施是在信息技术时代下诞生的一项新兴产物。

从预期作用来看，利用信息治理基础设施，为社会的转型和发展带来了强劲动力。当前，第一轮科技革命进入了关键时期，而借助数字治理基础设施，可以有效降低创新成本，打造全新的生产方式，利用智能化、信息化的方式来培育新动能，为经济发展注入源源不断的技术支持。

从形成方式来看，数字治理设施是建立在信息网络基础上的，在数字化因素驱动下形成的，与原有的基础设施具有明显差异的，在信息技术赋能下诞生的。

从发展层面来看，数字治理基础设施会处于动态的变化过程中，在产业变革的持续推进下，会有各种新型基础设施形态形成，由于当前的商业模式、技术模式还处在初级发展阶段，数字治理基础设施的发展也各有差异。

二、数字治理基础设施的特点

数字治理基础设施具有外部性、公共性、基础性的特征，除此之外，还具有较强的技术创新性，由此也出现了一些全新的特征：

一是活跃的创新能力。信息技术是目前比较活跃的一个领域，在信息技术和经济社会的融合发展下，各个新的信息系统、网络系统应用平台诞生，促进数字治理基础设施朝着多个领域的延伸。

二是较强的技术性。传统基础设施的建设步伐缓慢，而数字治理基础设施则与之具有较大的差异，尽管一些技术还没有趋于稳定，但一直处在不断的升级和开发过程中。

三是面向应用。基础设施对于投入的要求各有差别，与传统基础设施相比，数字治理基础设施是基于对数据的采集、分析基础上诞生的，能够快速匹配用户需求，对各类资源做出优化配置，因此，需要源源不断地投入资源。

四是统一标准，重视规范建设。在新型基础设施的运行过程中，数据是关键，也是一项核心要素。如今，数据流动速度越来越快，为了充分彰显数据的价值，需要建立科学的数字治理体系，并且从建设标准、技术规范上明确治理体系的建设要求，使各个设施之间都能够互通有无，促进数据的流通和共享。

五是较强的网络性。数字治理基础设施融合了传统的基础设施和信息化技术，是数字世界和物理世界的深度整合。数字治理基础设施能否安全、可靠地运行，将会影响人们的生活质量，如果遭遇到黑客或者病毒攻击，将会造成不可估量的损失。

六是对创新型人才需求较大。数字治理基础设施的更新速度较快，并且也在不断的处在跨界融合过程中，要实现发展，对于人才和技术都提出了更高要求，为了满足数字治理基础设施的建设要求，需要培育掌握软件、信息通信和传统领域知识的复合型人才。

三、积极应对数字治理基础设施建设所面临的挑战

在数字治理基础设施的建设上，我国具有明显优势，如今，我国已经建成了全球领先的信息网络设施，也具备了良好的资源整合能力。在各个企业的带动下，使得我国拥有良好的产业基础和信息技术基础，也建立了完整的产业链条，这为数字治理基础设施的建设提供了制度方面的支持和保障，当然，也要意识到，我国在数字治理基础设施的建设上依然存在一些困难，具体表现为四个层面：

（一）缺乏科学的认识和统筹安排

当前，社会各界对于数字基础设施建设的认识还不清晰，经常存在将信

息技术产业和数字治理基础设施混为一谈的问题，另外，数字治理基础设施的建设需要发挥协同作用，通过与教育、市政、能源、交通、运输等各个部门的合作，发挥技术牵引作用，从而拉动下游垂直行业的发展。但就我国的情况来看，各个管理部门还没有完全实现协同互助，处于各自为政的状态，管理模式也是独立制定和实施，导致资源重复建设问题严重，不仅浪费了资金和人力，还无法凸显出基础设施的作用。

（二）数字基础设施建设处于初级发展阶段

当前，我国关于数字基础设施的建设还处于初级阶段，在技术稳定性和技术路线方面还缺乏明确的标准，建设运营也处于初级探索阶段。以区块链技术的发展为例，各企业的设施处理能力还较弱，没有深入挖掘出区块链技术的作用。数字治理基础设施的建设与传统基础设施的建设具有明显不同，是基于技术迭代基础上诞生的，因此，这就使得数字治理基础设施的建设成为一个不断试错、纠错的过程。在初级发展阶段，需要鼓励各种模式之间的公平竞争，但是也要注意避免技术的重复投入，导致资源和人力浪费。

（三）数字治理基础设施呼唤新型管理模式

在信息技术与传统技术设施的发展过程中，其本质就是数据驱动运行的过程，比如，数字孪生城市就颠覆了传统的城市建设模式，在未来的城市建设中，将会以城市大脑作为核心，利用数据来驱动城市治理。为了达成孪生城市的建设目标，需要将各个部门的资源整合起来，围绕数据来行使城市管理和公共服务职能，聚焦于城市的物理空间，利用数据来开展巡视、执法、调研等工作。可见，新型基础设施的建设和运营会改变传统的管理模式，优化人员岗位调配，产生极为深远的影响。

（四）数字治理基础设施呼唤新的投资动力

相较于传统的基础设施，新型数字治理基础设施具有更强的创新性，但其发展模式和商业模式还处于探索阶段，在这一时期对于投资的金额要求较高，回报存在着明显的不确定性。在这一背景下，为了促进数字治理基础设施的发展需要，激活市场投资活力，政府需要为各类资本的进入消除体制障碍，提升投资者决心，解决管理资源配置、准入标准等问题，避免数据孤岛、人才缺乏等影响数字治理基础设施的建设。

四、数字治理九大创新体系的内涵及路径

数字治理九大创新体系是一个相对完整的体系。九大创新体系指的是“三横”“六纵”：“三横”是指数据资源体系、开放创新体系及协同治理体系，是数字治理之“横梁”；“六纵”是指政策法规体系、组织领导体系、标准规范体系、数据治理体系、安全保障体系及建设运营体系，是数字治理之“立柱”。其中，“三横”以数据资源为核心要素，解决了数字治理中部门间的横向联通、纵向贯通及对外协同的核心问题，有效地实现了数字治理中“三融五跨”，是数字治理体系的核心与关键；“六纵”都要紧扣数字治理“三横”，为数字治理中的数据畅通、横向联通、纵向贯通及对外协同提供保障。“三横”中的数据资源体系是建设数字治理创新体系的基础资源体系。数据资源包括政府数据、企业数据、社会数据三大类，具有非线性、可复用和可生长的特征，其价值在于数据能在有效、充分的流动过程中体现价值。数字治理主要是围绕数据展开的治理，包括对数据的治理和基于数据的治理。

过去，政府的治理工作大多是基于管理者经验来制定政策和实施方案的，政策的落实也是靠政府的行政命令。但面对万物互联的世界，治理的对象和

业务场景也越来越复杂，靠传统的治理办法和治理手段无法实现精准治理。在杭州城市大脑开发之前，杭州主管部门常年不清楚城市交通的底数，如杭州城区每天有多少辆车在路上跑、高峰时区的车辆数等，这也导致杭州市政府很难找到解决交通拥堵的有效办法。2019 年，在杭州城市大脑发布会上，王坚院士表示："其实杭州交警这几年的治理数清楚了一件事情，就是杭州在途的车是多少。"杭州目前的机动车保有量是 280 多万辆，非高峰时在途车辆是 20 万辆，高峰期在途车辆有 30 多万辆。杭州城市大脑之所以能像人一样思考问题，其核心就是数据的实时精准，这也是城市治堵工作的基础。因此，数字治理需要构建完善的数据资源体系，摸清楚到底有哪些数据"家底"，设计好个人、企业和政府之间不同类型数据资源的交换共享机制，畅通数据流动的"大动脉"，构建基于数据的协同治理和开放创新体系。

开放创新体系是推进数字治理创新体系的重要手段。开放创新是数字治理的重要手段，也是数字治理的本质要求。只有开放搞治理，才能发挥众治、共治的作用，实现智治。开放创新是数字技术的基因，数字技术通过对人赋能，降低社会创新的门槛，激活全社会的创新活力。开放创新体系既强调政府的信息公开、数据开放、能力开放及政策和场景开放，也强调企业、科研社群等具有海量多源异构数据的多元社会主体开放数据，让这些社会主体通过产业创新开放平台等多种渠道，与政府进行数据互通共享。开放创新体系的核心是通过数字聚合，汇聚各类创新生态要素，使基于数据的创新资源能够在不同主体间自由流动，为社会中的每个人赋权，通过开放平台激发社会广泛、深入参与政府治理。

协同治理体系是建设数字治理创新体系的关键目标。协同治理是协同逻辑治理的本质特征。建设协同治理体系，核心是重新思考数字时代中政府的组织形态应该是什么样的，政府与企业、公众的关系如何，政府与企业、社会如何良性互动、共促发展等问题。越来越多的实践表明，在数字时代，政府可以运用数据挖掘、数据分析、主题分析和情感分析等各种大数据，对政务微博、政务微信、政务 APP、小程序及政务热线等各类平台上的民情数据，进行穿透式处理和可视化分析，来感知民情、回应民意、疏解民怨。在此过程中，政府如何促进广大公众充分表达诉求、参与政府治理，政府如何协同技术企业、科研社群等社会主体通过共同开发应用场景、分析民情大数据来辅助政府决策，以及政府如何与各主体高效互动以实现即时、高效、精准、智能回应民意，则需要协同治理体系的系统性建设予以支撑。数字治理创新体系“六纵”中的政策法规体系为数字治理提供指引，划定了边界和红线。

在数字时代，新技术、新模式、新应用、新产业不断涌现，传统的政策法规体系虽然为创新提供了支持，但同时也表现出不能适应创新实践需要的特征，成为创新的主要障碍，需要与时俱进，不断改善。数字治理政策法规体系表现出了一些显著的新特征，比如发展性与包容性、迭代性与创新性、开放性与服务性、精准性与前瞻性等，这些新特征呼唤建立新的数字治理政策法规体系。为适应数字治理的特征与发展趋势，政策法规体系需要从政策理念、政策体系、流程机制、政策服务四个方面进行全面升级。“六纵”中的组织领导体系是最重要的组织保障。

在数字化时代，人、组织、物都被互联网广泛连接起来，组织变得更加扁平化、柔性化，每个人都可以成为数字治理的主体。以职能作为边界的组织领导体系难以适应社会大协同的数字治理需要。构建新型的组织领导体系，需要提升政府的信息领导力，打造面向未来的柔性组织，调动一切可以调动的社会资源，实现政府与社会的大协同。

标准规范体系既包括大家最为关注的数据标准、技术标准和应用规范，也包括新型基础设施及政务业务流程的新型标准规范。作为通用技术的数字技术，与政务、农业、制造业、服务业等传统业态的深度融合，不仅对传统产业进行了系统性升级和渗透性改造，而且催生出越来越多的新业态。建设数字时代的标准规范体系，既要升级传统物理基础设施、传统行业的标准规范体系，也要加快建设面向新技术、新业态和新模式的标准规范体系，以适应业态创新的需要。

数据治理体系最重要的任务是在保障数据安全的前提下，充分发挥数据价值，实现数据资源的优化配置。要根据数据资源特有的可复用性，探索建立与数据要素相适应的组织领导机制、数据治理体制、有效的考评和激励制度等。从体制机制上，完善数据治理体系；从技术和方法论上，探索覆盖数据采集、存储、利用、开放共享等全生命周期的治理方法和手段，提高数据资产的精细化管理和数据融合能力，使数据"能用、好用、易用"，消除数据孤岛，畅通信息高速公路。

安全保障体系是数字治理的重要支柱。安全与发展永远是辩证的关系，安全是发展的基础，发展提升安全保障能力。在数字时代，随着数字技术不断向社会各领域拓展，传统的安全问题可以借助数字科技解决，但新型安全问题日益凸显。数字治理最重要的安全是数据的安全，数据不仅关乎个人隐私，也关乎国家安全。当今人们已经习惯用个人信息作为数字时代的"通行证"，愿意通过"让渡"个人信息来使用一些互联网应用，推动了我国互联网应用的创新发展。但也正因为大量个人信息的"让渡"，导致社会上个人信息被过度收集和滥用，出现了大规模的数据泄露安全事件。建设数字治理的安全保障体系，既需要先进的技术保障能力，确保在网络安全事件发生时，有能力应对和处理，也要有与时俱进的安全理念。数字时代的安全，绝不仅是技术人员或技术部门的事，而是每个人的责任和义务，我们要重视制度、行为规范、安全意识，以及软性的安全保障建设。

建设运营体系的核心是重新思考在数字治理背景下政府与市场的关系。政府推动数字治理，既要保持政府的主导性，确保数字治理在正确的方向上前进，又要注重发挥市场配置资源的基础性作用。数字治理高度依赖数字技术的创新应用，其建设和运营都与传统数字化项目有本质区别，既强调技术的领先性，同时也非常重视市场化的运营，要通过科学合理的持续运营而实现良政善治。市场主体对市场需求有深刻的洞察能力、技术创新能力及持续运营能力，在数字治理生态的构建中发挥着至关重要的作用。数字治理可谓“三分建设七分运营”，唯有科学的数字治理运营体系，才能建立完整的数字治理链路，才能在关键时刻保证数字治理不“失灵”。

五、数字化能力的纵横拓展

（一）从消费到产业

当前，泛 5G 已经在多个领域中得到了广泛推行，数字化应用创新也发生了明显变化，逐步从个人消费领域朝着社会治理的方向来发展。产业数字化转型不同于消费领域转型，其转型目标是促进生存发展、降本增效。因此，相关主体需要具备良好的数字化资源管理能力，做到安全可靠、经济便捷，在产业数字化的发展进程中，需要以关键业务场景为出发点持续地进行创新。

（二）从工具到交易

除了关注运营技术的深化创新之外，还需要关注企业数字化的转型和升级。企业发展的本质就是交易，在企业的数字化转型进程中，就是利用各种数字化手段建立完善的交易架构，缩短企业与供应商、用户之间的距离，从而提高企业的社会效益和经济效益。以中兴通讯为例，2016 年，中兴通讯就启动了数字化变革，完善了交易价格，通过数字底座打造了统一的入口，并且致力于设置极致体验的局部工具，优化数据治理模式，综合考虑到业务数据的消费诉求，建立数据化思维，推动数据的全域治理，取得了良好成果。

2022年5月，秉持交易架构理念，中兴通讯发布了企业数字化转型平台——“数字星云”。“数字星云”通过对数据、能力进行治理和封装，使之成为可调用、可交易的企业数字资产；同时构建数字资产的管理门户和交易通道，使数字资产在企业内外部的积累、交易、复用过程中不断生长并最大化地发挥价值。以“5G精准云网+数字星云”构建的企业数字化架构，全面实现了连接、算力、算法、数据等数字世界关键要素的组件化、服务化、交易化，因而从根本上破解了传统烟囱架构带来的种种困难，有力地帮助企业持续提升交易效率。在从工具到交易的数字化转型过程中，大大促进了企业的转型，还充分发挥出企业的价值圈边界、交易边界、能力边界的潜力。

（三）建立数字产业创新生态的企业实践

如今，产业环境日趋复杂，要促进数字经济的发展，提高竞争力和生产力，需要培育出多元化的创新生态，发挥出设备商、中小型企业、大型企业、数字运营体的优势，明确各个主体在产业链中的定位，打造协同发展的体系，构建出互惠共赢的生态链。以中兴通讯为例，企业明确了发展定位，致力于做“数字经济筑路者”，立足于基础设施建设优化用户场景体验，为用户提供各类先进的云端设备，不断提高自身核心能力，促进企业的转型和升级。同时，与其他中小企业建立合作关系，坚持共治、共赢的发展理念，针对不同的业务场景着力进行创新，促进算法、芯片架构的优化，在产业赋能方面，中兴通讯贡献了独具标杆性的发展理念，在数字化办公、数字化研发等方面都做出了卓越的贡献。从生态链建设的角度来说，中兴通讯基于“数字星云”打造了三方共赢的数字生态，中兴通讯聚焦数字化转型的共性需求，攻坚底层技术，全心做数字经济筑路者；合作伙伴专注于各行业各领域的特性需求，减少重复造轮，专心做行业应用创新家；而行业客户利用数字星云建设企业自己的数字平台，则可以化解多样应用、统一治理和降本增效之间的矛盾，实现业务有韧性、系统可生长、成本能降低。数字经济的发展为世界经济带来了全新的发展动能，在数字经济的发展中，离不开数字基础设施的建设和支持，因此，需要从战略部署和政策执行方面持续推进，突破新业态和新模式，建立起智能绿色、可靠安全、高速泛在的新型数字化基础设施。

第三节　数字治理营商环境的打造

本节以苏州为例，分析数字治理营商环境的打造策略。

一、发展原则

（一）前瞻布局、创新驱动

坚持定位高端、超前谋划，坚持前瞻性、系统性发展思维，有序推进产业、创新、市场和数字治理体系建设，构建苏州数字经济和数字化发展生态。利用技术模式服务和管理方面的创新，培育新业态、新模式，建立高端产业集群，提升全要素的生产率。融合发展、安全有序。深入推进数字技术与经济社会各领域全面融合，构建数字化融合场景供给多元态势。以场景应用为抓手，完善融合发展生态体系，推动高质量发展，创造高品质生活，实现高效能数字治理，打造具有苏州特色的数字化融合发展创新区。统筹发展和安全，建立包容审慎的监管制度，防范数字经济发展中的重大风险，强化产业链供应链安全稳定，保障数据和网络信息安全，确保数字经济发展安全可控、规范有序。

（二）突出特色、示范引领

坚持立足苏州发展基础和发展优势，紧密围绕数字产业化和产业数字化两大方向，打造独具特色的数字经济和数字化发展路径和产业集聚区，以企业智能化改造和数字化转型为主要突破口，促进产业集群向更高能级的创新集群演变。谋划一批具备前沿性、典型性、基础性的数字经济重点项目，分情况建设国内、省内、市内发展示范区，鼓励优秀企业先行先试，以点带面，总结形成可复制、可推广的典型经验。

（三）政府引导、市场主体

充分发挥政府的引导作用，营造有利的市场环境。以行业应用带动数字经济发展，围绕本地及周边地区产业结构对数字经济和数字化发展需求进行招商引资和产业布局。发挥出市场在资源配置方面的作用，并且要坚持企业的主体地位，激活各个主体的参与活力，鼓励特色化发展，形成多元参与的数字经济发展格局。

二、创新驱动，打造全国数字城市标杆

（一）打造国内先进的数字基础设施高地

不断夯实新型基础设施建设，加快建设以 5G 网络、一体化数据中心体系、产业互联网等为抓手的高速泛在、天地一体、云网融合、智能敏捷、绿色低碳、安全可控的智能化综合性数字信息基础设施。加快推动传统基础设施数字化改造，推进新型城市基础设施建设，构建城市信息模型（CIM）基

础平台，打造数字城市基础平台，夯实数字经济发展基础。

（二）争创国内领先的数字创新体系

紧跟国家战略部署，坚持科技自强和自立，发挥关键核心技术的引领作用，建立起重大的科研机构、创新平台和基础设施平台，提升知识产权的创造质量，使价值链能够从目前的中低端朝着高端方向延伸，打造“硬科技”，提升创新策源能力，争创领先的数字化创新体系。

（三）打造国内领先的数据要素市场化示范高地

推进数据汇聚，形成政务大数据资源中心，建设政务大数据数字治理平台，建立数据血缘关系图谱，打造全流程数字治理闭环。推进数据共享，建立健全权威高效的数据共享统筹协调机制，实现目录同步、一点申请、跨级审核、便捷共享、全程可溯。推进数据开放，加快数据开放立法，依托公共数据开放平台，推动重点领域公共数据开放开发和创新应用。

（四）打造具有国际竞争力的数字产业高地

继续深化数字协同创新，提升社会治理、政务服务等方面的数字化建设水平，建立一批先进的数字治理实验基地，打造发展新格局，为整个社会的高质量发展提供数字方面的支持。

（五）打造具有国际影响力的制造业数字化转型示范高地

深化战略，加快苏州制造业智能化改造和数字化转型，促进制造业和互联网融合发展。推动企业数字化改造、信息化建设和智能化生产，推出一批智能化创新产品，建设一批智能工厂和数字化车间，培育一批智能化标杆企业。整合产业链上下游资源，构建工业互联网标识解析体系，提升工业互联网平台服务能力，全力打造“工业互联网看苏州”的品牌，加快建设国内领先的数字智造中心。

（六）打造自主可控的数字安全体系

建立健全网络安全协同数字治理体系，强化数据安全主体责任，保障关键信息基础设施稳定运行。健全政务信息资源安全标准、技术规范和管理制度，探索政府数据分级分类，推动政府数据确权管理，加强政府数据安全责任管控，加快构建安全的保密技术体系，加大信创产品应用推广力度，加强商用密码应用和安全性评估。完善工业互联网安全保障体系，保障企业数据安全。增强数字安全领域突发事件监测预警、分析研判和应急处置能力，推进网络综合数字治理，维护意识形态安全，促进数字经济健康发展。

（七）打造国际一流的数字创新生态

深入实施数字经济创新发展战略，积极融入长三角一体化数字经济产业生态，进一步夯实数字产业发展基础。促进要素市场的发展，遵循开放共享原则，共同发挥出社会数据的价值。建设一批特色鲜明的数字产业园区，引育一批产业创新高端人才和龙头企业，积极创新金融服务体系，优化营商环境，加快长三角协同创新，建立国际一流的数字创新生态。

三、营造数字营商环境氛围，优化数字政府建设

推动长三角地区数字统一市场建设，优化区域营商环境深度合作。明确数字化市场规则，建立完善的沟通和协调体系，逐步建设监管规则构建数字经济一体化标准。利用行业协会、产业联盟等建立高效的联动机制，共建良好的数字化营商环境，推动数字经济高质量发展。

近年来，随着全球数字化的快速发展，数字政府建设和营商环境的优化成为许多国家和地区重要的发展目标。数字政府建设是指利用各种数字化技术，通过公共服务和网络渠道，为公众、企业等提供更加高效、准确和便捷的服务。而营商环境的优化则是指各种制度、政策和服务措施，以便吸引更多国内外企业和投资者前来投资，并推动经济的稳定增长。数字政府建设与营商环境的优化是相互促进、相互依存的。数字政府建设可以为营商环境的优化提供有效的支撑和服务保障，营商环境的优化又可以为数字政府建设提供更为广阔、开放的发展平台和应用场景。因此，数字政府建设与营商环境的优化都是推动现代化经济发展的重要手段和路径。下面从数字政府建设和营商环境的优化两方面，分别进行探讨。

（一）数字政府建设的发展趋势

数字政府建设的核心内容是数字化转型。其中重要的目标是实现政府数字化、网络化和智能化，提高政府工作效率，优化政府服务质量，推动政府治理现代化。近年来，随着国家数字化建设的逐步深入，数字政府建设的发展势头也日益迅猛。其中，以下几个方面是数字政府建设的重点发展方向：

1.数据共享和应用推广

数字政府建设的核心在于数据，政府部门的各种数据资源是数字政府建设的核心和支撑。因此，各级政府部门需要加强数据共享、协同和优化利用，形成数据共享的基础设施和平台，实现纵向、横向数据共享和共同利用。同时，政府也需要提高数据应用能力，将各项政府服务通过数字技术的手段、方式向外部提供，为公众、企业、社会等提供更加准确、高效、便捷的服务。

2.政务大数据的应用

政务大数据是数字政府建设的重点之一。政务大数据指的是政府各部门长期积累的海量数据，经过整合和加工变成具有价值的信息资源和知识库等。

政务大数据的应用可以帮助政府部门更加全面、准确地了解行业、市场和公众需求，从而更好地为公众和企业提供政务服务和决策支持。

3.多平台和多渠道的建设

随着IT技术的普及，数字政府建设需要建设多种应用渠道和平台。政府应该利用多种数字化平台，包括政府网站、移动应用、公众号平台等，将数据、政策等信息向外部发布，并通过这些平台为公众提供多样化的政务服务。

（二）推进营商环境的优化

推进营商环境的优化是各国发展的重点之一。营商环境优化的核心是促进市场经济、全球化和数字化发展，保护产业和投资者的权益，建立公正、公平和透明的市场环境。以下是营商环境优化的重点措施。

1.改善法治环境

法治环境是营商环境优化的前提和保障。政府要积极推进法治建设、加强法律与法规制定、完善体制机制和司法审判，使企业和投资者在市场竞争中得到公正、公平的待遇。

2.减少行政审批和减轻税负

对于企业来说，行政审批程序是一项极为耗时和费力的工作。因此，政府要加快行政审批流程的推进和简化，减少政府部门之间的重叠审批和重复劳动。同时，政府也要合理减少企业和个人的税负，将政策和法规真正落实到实处，减轻企业和个人的负担，刺激市场活力和经济增长。

3.优化服务质量和提高公共品质量

营商环境的优化不仅仅是为企业和投资者提供公正和公平的市场环境，更要提供高质量的服务和高水准的公共品。政府要积极调研市场需求和投资者需求，加强公共设施的建设和配套服务的提供，进一步提高城市的品质和生活水平。

数字政府建设与营商环境的优化是推动市场经济和数字化发展的重要措施和方向。数字政府建设和营商环境的优化不仅在技术上和理念上互为支撑，更体现在政府部门的转型和市场环境的优化等多方面。因此，政府在数字政府建设和营商环境的优化方面，不仅需要制定切合实际的规划和政策，更需要加强与企业、社会和公众间的密切联系和沟通，更好地推动数字经济和市场经济的发展。

综上所述，数字政府建设和营商环境的优化是推动经济转型和数字化发展的关键环节。数字政府建设可以优化政府服务、提高效率，而营商环境的优化则能够吸引更多的投资、促进市场竞争、激发经济发展活力。因此，政府应加强政策制定和落实，简化审批流程，减轻税负，优化服务质量和提高公共品质量，以营造良好的数字经济发展环境，引领市场经济转型与数字化前行。同时，政府也需要与企业、社会和公众密切合作，共同推动数字经济与市场经济的发展，为社会经济发展提供更好的支持和机会。

第四节　数字治理的沙盒监管

在互联网技术的加持下，金融行业发生了显而易见的变化。金融科技日益成为经济社会信息化水平提高的一个重要方面，也成为全球金融创新的热点，并且逐渐成为未来金融业竞争的重要领域。但同时，金融的创新往往伴随着对传统制度、体系和结构的“破坏”，这一“破坏性创新”的特质令监管陷入两难。

面对如何建立大型互联网企业有效的监管框架，在金融安全和金融创新之间取得平衡的问题，监管沙盒应运而生。作为一项起源于金融领域的监管创新模式，“监管沙盒”机制在数字治理领域的应用也正逐步增多。

一、监管沙盒的起源与发展

（一）监管沙盒的起源

沙盒（Sandbox）本为计算机术语，表示能够为运行中的程序提供隔离环境的一种安全机制，一般在试验一些难以预知或判定风险的程序时使用，其能在保证测试环境真实、测试方法准确的同时，不对“盒外”数据和程序造成影响，从而保证安全。

“监管沙盒”的概念首见于 2015 年 3 月英国政府科学办公室发布的报告《金融科技的未来》中，此后英国金融行为监管局（Financial Conduct Authority,FCA）将其作为治理工具引入金融市场监管语境。

FCA 引入的监管沙盒，是指监管者建立一定的框架，在采用适当的安全措施的前提下，允许金融科技创新公司在真实的市场环境中，测试其具有创新性的产品、服务或商业模式，并且不会因所从事的活动招致通常的监管后果。在监管沙盒模式上，监管者的地位已经发生了明显变化，既要承担传统理念中的监管者角色，还要用合作者的角色将技术手段落实到具体的实践过程中。在金融科技日新月异的今天，“监管沙盒”模式积极回应了如何更有效地防范金融风险、保护消费者利益、同时激励创新这一重要议题。自英国 FCA 首创这一模式以来，澳大利亚、新加坡、美国、韩国、日本等纷纷因地制宜探究自身在金融领域内的“监管沙盒”方案。迄今为止，已有约 50 个国家对“监管沙盒”进行了探索。2019 年 12 月，中国人民银行宣布启动金融科技创新监管试点工作，意在打造中国版的“监管沙盒”，探索审慎包容的金融科技创新监管工具。

（二）监管沙盒的发展和经验

监管沙盒具有几个特点：一是监管豁免，经过审核且符合标准的企业进入到沙盒之后，不需要接受严苛法律的限制，监管机构可以部分或者全部赦免测试环境中的金融产品，其目的是在市场中迅速推行成熟的金融创新，但是这种豁免是暂时性的，在测试完毕之后也会解除；二是关注监管沟通，监管沙盒是为了增强企业和监管机构之间的互动沟通，并为其提供行政化的辅导，对于监管机构而言，实施监管沙盒能够制定出更加有效且科学的法律制度。总之，监管沙盒制度体现了监管机构对于金融创新的支持，增强了当地的金融创新力。

从监管主体来看，各个国家均高度关注监管主体的设定，英国最早发布了《监管沙盒》指引文件，澳大利亚紧随其后引入了监管沙盒机制，颁布了相关的法律法规。在各地的监管沙盒实施过程中，其主体各有差别。在英国和新加坡，监管沙盒的主体有授权企业和非授权企业两类。创新者在实践中会遇到监管难题，主要是由于测试产品类型和监管授权而造成的。英国在实践过程中采用的是不同的申请主体。而新加坡的适用主体相对更广，涵盖金融创新企业、授权机构以及相关的合作公司。澳大利亚的主体较为狭窄，只有非授权企业能够进入澳大利亚监管沙盒。在我国的香港地区，建立了集齐保险、科技、银行业、证券业在内的监管沙盒，其适用主体也各有差异，相比而言，新加坡的监管沙盒适用主体相对开放，对于推动金融创新的实现更加有利。

从申请方面来看，包括延长申请、变更申请和准入申请三种类型。英国的监管沙盒每年有两次申请机会，每次申请都有特定的主题，对于符合相关主题的企业，会优先通过审核。而新加坡则会重点审查申请公司提交的服务和产品，看是否与监管商和法律制度规定相符，在审查完毕后，监管机构要将审查结果告知申请公司。

从审查标准来看，英国的监管沙盒有严苛的标准，主要从四个方面进行审核：一是看产品是否具有创新力；二是看产品或服务能否为消费者带来切实利益；三是企业有无做好充足准备工作；四是有无获取到创新中心的支持。新加坡的监管沙盒则从七个层面来进行审核：一是看技术有无创新性；二是能否为消费者和企业带来切实利益；三是申请主体在退出之后是否愿意提供金融服务；四是有无按照约定好的时间向金融监管机构提交测试进度；五是有无明确的测试界限；六是有无科学的解决方案；七是要提出行之有效的退出和落地计划。

从退出和落地来看，英国、澳大利亚、新加坡的规定大致相同，即在测试完毕后企业不能违背相关法律法规条件，这样才能继续运行沙盒，否则就需要结束运作。完善的落地和退出机制是保障预期收益能够顺利实现的前提条件，制定出切实有效的退出机制，才能够避免金融市场出现波动。

在消费者权益的保护上，监管沙盒旨在促进金融科技领域的创新，保护好金融客户的合法权益，避免金融市场波动，因此，监管沙盒制度的实施需要遵循审慎性和宽容性的原则。英国已经针对监管沙盒制定了完善的保障制度，测试对象需要接受风险教育，并且签订书面协议；新加坡则要求测试对象提前向消费者告知主要风险、享有的权利、测试时间等等。

（三）域外监管沙盒对我国的启示

1.要明确监管框架

在英国、新加坡，其监管沙盒的监管主体均是金融管理局。可以看出，监管沙盒制度应当与现代化金融监管系统相结合。从申请角度来看，各个国家与地区均进行了调整，以更好地适应金融创新的发展。其中，英国、新加坡对申请主体的限制较少，只要从事金融活动的企业都能够有资格进入监管沙盒，自然人也可以申请。

2.要关注监管者和被监管者之间的互动

监管沙盒致力于在监管者、被监管者之间建立一种监管互动关系，英国的实践就证实了这一原则，在监管沙盒的实施进程中，监管部门、金融科技企业之间的交流十分重要，因此，英国推行了定期报告制度。由于监管沙盒是在豁免机制的安全环境中运转，在测试过程中，英国还创立了监管数据库，以帮助监管机构及时获取到一手数据。

3.保护好金融消费者的权益

在制定监管沙盒的法律制度时，需要将消费者的合法权益放在首位，英国、新加坡都非常重视消费者权益的保护，英国还将保护消费者权益写入了文件中，从测试方面来看，各国家和地区都要求提前告知消费者可能存在的风险。

总体来看，英国、新加坡、澳大利亚等的监管沙盒和运作模式相似，但是由于各个国家的法律制度、经济发展情况、政治背景等各有差别，金融环境也各有不同，监管沙盒制度的设置需要根据辖区内法律和监管环境来确定。我国在建立监管沙盒制度的过程中，需要积极借鉴其他国家和地区的经验，并结合自身制度来优化实践模式，设置适合的监管路径，避免盲目复制。

（四）金融科技的监管沙盒

沙盒原为计算机术语，表示能够为运行中的程序提供隔离环境的一种安全机制，一般在试验一些难以预知或判定风险的程序时使用。其能在保证测试环境真实、测试方法准确的同时，不对“盒外”数据和程序造成影响，从而保证安全。监管沙盒是金融科技领域创新的一项重要内容，最早是由英国提出，根据英国金融行为监管局的定义，监管沙盒的本质属于安全空间，在这一空间中，相关的企业能够测试自身的服务模式、金融产品、商业模式等，在遇到问题时不会受到规则的处罚。

比如，FCA 根据申请者的具体情况来给予完整性或限制性授权，取得授权的企业可以进入虚拟沙盒测试。测试过程有监管、监督机构负责保护消费者权益，监督测试企业不能违规操作，研究中心的专家组会给监管机构提供专业上的支持和帮助，如果测试结果良好，创新企业可获得技术许可，投放社会。

监管沙盒计划推出后，受到了各个国家的关注，2016 年初，澳大利亚和新加坡政府与英国政府签订了合作协议，这说明，监管沙盒计划具有良好的发展潜能。其中，新加坡为了加强国家在区块链技术上的发展，表示欢迎各类金融创新，哪怕和当前法律法规有所冲突也不用担心，并且，即便业务被官方终止也不会追究法律责任。

美国为了保持和英国、新加坡等地的竞争力，财政部讨论了简化支付系统的技术，并且提及创新监管沙盒的发展。2016 年 8 月，美国股票市场结构咨询委员会高级副总裁在纳斯达克开场发言中提出，“监管沙盒”概念可以延续到市场，并提倡使用市场模拟加速推进。

在中国，2019 年底人民银行启动金融科技创新监管试点，即中国版“监管沙盒”，在北京首先推出后，稳步向其他地方纵深推进。截至 2020 年 8 月，9 个金融科技创新监管试点（监管沙盒）已全部落地，覆盖北京、上海、成都、广州、深圳、重庆、杭州、苏州 8 个城市和雄安新区，90 多家金融机构和科技公司以单独申报或联合申报的方式，产生 60 个项目进入沙盒测试。

可以说，监管沙盒给金融科技的新产品、新业务、新模式提供了探索空间，促进企业更好发展的同时也为相关的监管提供了双向互动的机制。监管沙盒减少了金融创新投入市场的成本和时间，经过监管部门的测试认可再进入市场能够保护投资者利益。

显然，健康的经营环境、完善的监管体系将为互联网金融、第三方支付、供应链金融、区块链金融等业务的发展创造更多可能。监管沙盒需要大数据、区块链等技术融合，但这也给新兴技术公司提供了发展机会。

二、监管沙盒在隐私保护领域的应用

“监管沙盒”的提出为市场创新主体和监管者协同探索未来之路提供了新的思路。尽管发端于金融领域，但“监管沙盒”对于数字治理各类复杂议题都具有借鉴性。自2017年以来，基于监管沙盒理念的启发，各国数据保护机构、国际组织等也在隐私保护领域中进行尝试：

2017年7月，新加坡交流与信息部部长雅国（Yaacob Ibrahim）宣布将在隐私保护领域建立监管沙盒机制。此后，新加坡个人信息保护委员会与新加坡信息通信媒体开发局（Infocomm Media Development Authority）合作，以“探索数据共享机制”为目的正式启动了隐私保护监管沙盒；

2017年12月，芬兰经济事务与劳动委员会在其公布的《芬兰国家人工智能战略》中明确了将使用“监管沙盒”探索数据共享机制；

2018年9月，英国信息专员办公室（Information Commissioner’s Office,ICO）开始研究如何借助监管沙盒在促进技术创新的同时保护隐私，并在2019年3月开放第一期的报名；

2020年12月，挪威数据保护局开启了以人工智能发展为主题的第一期隐私监管沙盒报名。目前，第一期入选的25个项目已于网站公布，涵盖了金融科技到食品技术等多个领域；

2021年2月15日，法国信息自由委员会开放法国第一期隐私监管沙盒的报名，该计划以医疗领域中如何利用个人数据进行创新为目的。

国际组织方面，2018 年 12 月，欧盟委员会在其“人工智能协调计划”的附件中提及“该计划中的试验措施（Testing Facilities）”包括在特定领域且法律允许的框架下尝试“监管沙盒”；2019 年 11 月，东盟同全球移动通信系统协会（Global System for Mobile communications Assembly，简称 GMSA）展开合作，建立了隐私监管沙盒试验空间，以探索成员国间数据跨境流动的可能性。

在以上国家、国际组织对隐私保护监管沙盒的探索中，较为典型的是英国 ICO 开展的隐私监管沙盒。

三、隐私监管沙盒的积极意义

隐私监管沙盒是监管沙盒的一种，是旨在探究“隐私保护与激发科技创新”两者的良性互动的新型沙盒。同金融领域的监管沙盒类似，隐私监管沙盒不论对公司企业、监管者还是消费者而言，均具有积极意义。

（一）公司企业：在较低的隐私合规风险下进行技术创新

隐私监管沙盒为参与者提供了一个“安全环境”，以缓解技术创新和法律监管之间的潜在矛盾。入盒的企业能够同监管者展开积极、广泛的合作，并在真实世界，而不是模拟环境中去测试它们的创新产品是否满足合规要求，由此得到的结果及对产品的修正，更加具有实践的指向性。

此外，产品合规的不确定性、进入市场的周期与潜在风险等将显著降低。入盒的企业在隐私监管沙盒中得到了保证，因此在法律监管方面能够得到一定的豁免。这有助于企业在创新技术的同时提前明确可能的合规问题，从而帮助企业及早调整产品。一方面，降低了企业将创新产品引入市场的潜在合规风险；另一方面，也缩短了创新产品进入市场的周期。而这一点对于小微企业而言更为重要，由于在企业规模、财力人力资源方面可能逊色于大型企业，加之处于对成本的考虑，小微企业在技术创新的合规问题上可能存在更大的劣势。隐私监管沙盒能够为其在风险评估、通过设计实现隐私保护、构建企业的隐私保护法律框架等方面提供帮助。

（二）监管者：紧跟科技发展的基础上制定法规政策

监管沙盒能为公共政策的制定者提供更立体的、与实践相关的经验与参照，供监管者制定更有效的法规政策。在隐私监管沙盒中，监管者在数字产品或服务设计的早期便展开调研，这有助于其理解隐私保护法律法规在哪些阶段才能实现，如何得到运用。“通过设计而保护隐私”这一理念能够得到更具体化的理解，从而给相应的立法增加更多的灵活性与可适用性。

透过隐私监管沙盒，隐私保护的监管者将实现与新兴领域内市场主体的对话，并获得一手、新鲜的信息和资讯。监管者能够了解到当下产业中的需求，并集中于法律法规存在的亟须明确的部分进行完善，缓解眼下隐私保护立法与技术高速更新间较大的滞后性问题。

（三）消费者、市场竞争：审慎考虑的数据保护与同类技术的示范效果

对于消费者而言，由于已经在小范围的隐私监管沙盒中对创新产品、服务进行了量身定制的审查与完善，该产品、服务在市场上大范围推广之时便能够更好地保护个人相关的数据权利，为消费者带来真正、全面的价值，而相应的数据处理也将更有信心、更负责任地发生。在更低的数据保护合规的不确定性下，不仅仅是企业本身，包括消费者在内的整体公共福祉将得到提升。

对所有的市场竞争者而言，隐私监管沙盒的相应资料，特别是相关的“出盒报告”，能够为同行业、同类型或采用类似技术的企业提供有效的参考意

见与指引，形成一定的示范效果，促进数据使用和信息流动。此外，从更大的范围上看，如果监管沙盒某一项目涉及技术在隐私保护法方面得到了认可，那么也将鼓励这一类的技术加速应用，也将鼓励其他企业在技术创新上发力。

当然，也需注意的是，监管沙盒的探索实践仍旧处于初级阶段，涉及隐私保护领域的合规问题时也有待进一步协调。除此之外，对商业秘密、知识产权、不公平对待等方面的担忧也是隐私监管沙盒机制在当下面临的诸多挑战之一。但不容否认的是，作为一种监管创新方式，监管沙盒提供了相对包容的空间与弹性的监管方式，形成市场创新者、监管者与消费者三者之间的良性互动，为探索数字治理未来之路提供了一种重要的方法论。

四、数据治理借鉴监管沙盒

可以说，相较于试点试验，监管沙盒更强调监管机构与市场主体的相互协作与正向反馈，依托法律法规和沙盒协议，在沙盒各阶段精细化管理，从而更有效地激励市场创新、防范风险和保护消费者利益。

尽管监管沙盒起源于金融领域的监管创新模式，但监管沙盒对于数字治理各类复杂议题都具有借鉴性。监管沙盒在数字治理领域的积极效用正逐步显现，当前，数据的价值已经得到了社会的认可和重视，对海量数据聚合、加工产生的价值推动着数字经济深度发展。数据作为新生产要素实至名归。然而，数据共享与数据隐私之间存在着众所周知的悖论。

数据共享带来了数据界限问题以及数据的非可控性问题，也让隐私和安全问题日益凸显。对于数据引发的隐私、安全性等问题，能够控制数据、让数据共享造福人类的数据治理成为现代社会治理的一大主题。

显然，监管沙盒除了利好科技金融的发展与创新的平衡，更为数据市场的治理提供思路。一方面，监管沙盒具有时限性。现有监管机制对大数据市场的监管模式依旧属于事后监管，而监管沙盒的作用时间则是在任何制度创新推向市场之前的测试阶段。另一方面，监管沙盒的运作更具包容性和灵活性。现有监管机制的重点在于要求创新符合所有已定规则，而监管沙盒则主要站在创新的角度，在保证消费者权益的原则下，就不同个案提供其能够提供的便利，以便促成创新走向市场。

显然，监管沙盒的监管理念更具主动性。在作用方式上，现有监管机制遵循的是一种相对被动的监管逻辑，而监管沙盒机制基于监管者与企业之间的沟通，是一种相对主动的监管理念。

尽管监管沙盒作为一种监管创新方式，提供了相对包容的空间与弹性的监管方式，但目前来说，监管沙盒的探索实践仍旧处于初级阶段，涉及隐私保护领域的合规问题时也有待进一步协调。在"监管沙盒"在数字治理领域的积极效用正逐步显现的当下，无疑为探索数字治理未来之路提供了一种重要的方法论。如何发挥监管沙盒的效用，在更低的数据保护合规的不确定性下，提升整体公共福祉，还需要人们更多的智慧。

五、我国实施监管沙盒制度的策略

（一）明确监管主体，合理界定监管职责

要更好地助推监管沙盒制度的落地，首先需要明确监管主体，对于监管主体的界定，需从宏观、微观两个层面进行。从宏观层面来看，需要明确我国金融科技监管主体的现状，以此为基础来确定监管主体，近些年来，我国一直在推进金融监管体制的改革，改变了传统"一行三会"的模式，推行"一委一行两会"的模式。但是就目前来看，现有的经委会还未形成科学的运作体系，无法调动内部力量对监管沙盒进行全面指导，因此，还需要加强

证监会、央行、银保监会等机构的合作，给监管沙盒提供有力支持，不同主体分别对应相关监管工作，使金融改革能够顺利进行。在监管沙盒的实施过程中，需要充分挖掘地方金融监管机构的作用，金融监管是在民间资本基础上发展而来，在地缘方面有着显著优势，能够弥补中央监管的不足，降低金融沙盒的实施风险，因此，在沙盒测试实践中，可由省一级负责指导，在这一方面，上海自由贸易区的运营就颇具代表性，其在金融创新监管方面构建了联动机制，由银保监会作为监管主体，先进行主体申请，再实施测试评估，接下来是退出和落地推广，这有效促进了自贸区的金融创新。

（二）确立评估标准，明确主客体评价原则

对于测试主体的评估，可以借鉴其他国家和地区的经验。当前，各国和地区的评估标准各有差别，比如，中国香港的评估要求较高，与之不同的是，英国、新加坡对于测试对象并没有过多限制，反而达到了更好的效果，有效提高了各个企业参与测试的积极性。因此，我国在实施监管沙盒的进程中，需要合理控制进入阈值，如果阈值设置过高，会对测试主体产生不利影响。对于测试客体的评价，需要明确测试范围，根据创新强度来进行评估。构建监管沙盒制度其目标是为了促进金融科技的发展，为金融科技产品和服务提供宽松的发展环境，因此，可针对市场反应来对测试客体进行评估，在初步筛选过程中，还要考虑到消费者的偏好问题等。

（三）强化互动，设置合规容错措施

在测试环节中，还要设置互动和合规容错措施，监管机构和企业要保持联系，在这一方面，我国可以借鉴英国实践经验，其主要做法是无强制行动函和个别指导，如果企业出现一些特殊情况，监管机构会根据企业情况来实施豁免规则，在无法实施豁免规则时，会发布无强制行动函，只要企业能够

遵循测试顺序，就能够享受到公平、公正的对待。即便其中出现了一些无法预测的问题，也不会受到惩罚。根据我国情况，可以针对不同项目的特点来调整监管方法和监管规则，尽可能减轻企业负担，在监管沙盒测试完毕后，企业即可退出沙盒，在市场上推广产品。

（四）促进金融稳定，保护消费者合法权益

互联网金融科技本身既专业又复杂，而且技术手段也有着广泛性、隐蔽性的特点，这就将消费者置于一种不利地位，很容易损害金融消费者的合法权益，因此，在监管沙盒的测试过程中，要始终保护好消费者的合法权益。与传统金融消费者不同，监管沙盒更加关注消费者的改善和优化，对此，可以针对金融消费者构建测试库，在测试之前，提前为消费者披露相关信息，保护好消费者个人隐私。另外，还要重视测试企业信息的披露，金融市场常常会出现信息不对称问题，这很难改变，并且在测试过程中也会发生一些难以预料的问题。因此，做好企业信息披露十分重要，为了降低金融风险，保护消费者的金融资本安全，还需要建立赔偿机制，如果消费者的合法权益遭到侵害，可以按照索赔权来进行索赔，如果消费者损失金额较大，甚至高于与企业签订的合同金额，也要按照合同来赔偿。对于监管机构而言，还需要设置消费者争议解决机制，以解决消费者、测试企业之间的争端，切实保障消费者的个人财产权。

第七章　数字经济发展的困境与现代化发展路径

第一节　数字经济发展的影响因素与困境

一、数字经济发展的影响因素

（一）软件

IDC（国际数据公司）的一份研究表明，服务软件的数量将以每年 90%的速度往上涨。应用软件将已经从个人机向网络服务器和网上应用服务转变，以用户为中心，实现人机交互，操作更简单直接，功能更强大。

（二）信息

信息是网络内容供应商关注的核心重点，为网络内容运营商带来了源源不断的财富，但是也要注意到信息的真实一面。如今，网络上的大多数信息都是免费的，这对互联网内容服务提供商来说是一个挑战，为了应对这一新挑战，各个互联网内容服务提供商需要促进传统产业和互联网产业之间的深度结合，以此来提高自身的竞争力。

（三）教育

教育对孩子和成人都一样，是数字世界一个迅速增长的因素，教育科技手段将在未来几年里产生重大变化。SIIA（软件与信息产业协会）说："ISP（因特网服务提供者）和互联网公司正将它们的商业模式转向 B2B（在这里指 ISP 或其他互联网公司提供学校教育和公司培训）和 B2C（在这里指 ISP 等提供业余培训和远程函授等方式）。"

（四）顾客权利

SIIA 称顾客权利在过去的几年里也成为影响数字经济并推动其发展的重要因素，现在这种权利还必须扩展，必须保护用户信息和地址等私有问题，必须发现顾客的真正需要。电子商务销售商必须在未来的 12 个月里详细了解提供严格的个人隐私保护政策。

（五）商业数字化

在过去 10 年里，美国几乎所有的行业都数字化了。从会计到仓储，从人事到日程安排，数字技术无处不在，通过这种数字化进程，美国的企业也都尝到了甜头。在未来 12 个月里美国企业的数字化进程还将继续，并且 B2B 将独领风骚。

（六）数字经济政策

当然，这么多公司涌入数字经济，必须要有一个明确的行业法规，尤其在个人隐私和电子商务收税这几个问题上。没有明确的评估和建议，数字经济的未来只能停滞在政策制定者手中，而绝不在那些将数字经济变为可能的创新者和企业家手里。

二、数字经济发展的困境

（一）传统产业数字化转型升级缓慢

在现代化信息技术的发展下，各类新设备和新技术纷纷诞生，这给传统产业的发展和转型带来了负面影响，干扰着传统产业的转型进度，也对数字经济的迅速发展带来负面影响。具体来看，一些行业在数字化的转型和进程中，存在盲目性的问题，相关行业管理者未认识到数字经济的重要作用，缺乏实践经验，无法满足消费者的个性化需求。除此之外，还存在着技术更新速度慢、人力资源瓶颈等一系列问题，无法满足数字化转型升级的要求。

（二）数据安全管理性能不足

根据调查来看，当前，制约数字经济发展的一个现实困境就是安全管理性能较弱，进入了新的历史时期之后，互联网信息技术得到了新的发展，5G时代的来临便是一个标志。在云计算、5G和大数据的广泛推行下，提高了各个行业的数字化应用水平，促进了数字经济的发展，但是其中也存在一系列的安全隐患，比如，安全管理系统建设滞后，数据信息安全性能较弱等，上述问题都会影响数字经济的有序发展。

（三）缺乏有效数据共享机制

在数字经济的发展中，数据共享机制是一项重点内容，也是促进数字经济转型的根本推动要素。目前，数字经济的发展还缺乏完善的共享机制，在经验、技术等因素的限制下，数字服务平台的建设能力还相对偏弱。各个企事业单位以及政务部门其数字服务平台一般都是由第三方进行外包，而各类企业的数据接口具有差异，在连接数据的过程中，会由于数据的接口不匹配导致数据信息无法及时地进行共享。

（四）专业人才缺失

在数字经济的发展进程中，对于专业类人才提出了更高的要求，这也是提升数字经济竞争力的一项关键，谁拥有了专业人才，谁就拥有了市场竞争力，还有着规范数字经济发展的核心力量。从现有的调查情况来看，数字经济发展中的专业人才数量较少，而相关企业也缺乏科学、完善的培训计划，对于人才的培养存在一系列的问题，除此之外，人才的引进机制不科学、招聘渠道比较落后，关于人才的引入标准也没有制定出确切的规范。

第二节　数字经济发展的现代化路径

一、发展数字经济的基础、定位和保障体系

数字经济是一个新的概念，需通过政府引导和支持其发展。下面以一个地方政府为例，说明如何在一个区域发展数字经济。当然每个城市有每个城市的特点，本书讨论的仅是普遍方法，具体到每个城市或地区要因地制宜。

（一）发展的基础

一个城市或区域要发展数字经济，第一要分析其产业结构，很简单的办法就是对标全国（省/市）的平均水平，找出短板尤其是第三产业的短板。虽然理论上是产业数字化先行，但数字化产业如果差距太大，就会带来发展基础的不牢靠。数字经济发展的基础包括技术环境、氛围、人才、政策力度、影响力、企业聚集等方面，打好信息技术发展的基础才能谈产业。第二要产业数字化，产业数字化不是瞎抓传统产业进行信息化改造，这里涉及到的因素很多。比如，要通过信息化技术改造或升级一个地区的支柱产业，不能只看别人，看到其他城市都在改造工业企业，如果本地区的支柱产业是旅游业，为了对标花大力气升级制造业就显得太过于形式主义。对于支柱产业，政府有绝对的话语权。第三要确定本地区支柱产业的改造方法、路径及预期。第四信息化产业发展的核心是人才，要考虑有没有人才，如何引进人才，是否有能力为人才引进投入足够的资源。第五就是资金投入，有多少家底，能在数字经济发展上投入多少，信心有多大。第六要考虑城市发展的基本面，这个涉及的因素非常多，比如：群众的基本素质（文化水平、互联网的普及程度、思想开放程度）、城市的基础设施、政府的营商环境指数等。第七就是要未雨绸缪，当一个区域由于某个传统行业的信息化改造带来了经济的稳定增长，这时就要花力气培育接续产业。全面分析发展基础，有助于认清形势和找准发展定位，确定发展目标。存在问题的发展基础分析完了，存在的问题自然就会显现。

最为核心的问题有几个：一是地方党委和政府的支持程度，尤其是主要领导对数字经济发展的认知。二是人才的供给能否跟上产业规划，如果跟不上怎么解决。三是地区创新性是否活跃，或者说是否有创新基因。数字技术和产业的核心是创新，包括技术创新和模式创新。四是如上说的支柱产业进行产业数字化具体存在哪些问题，不仅仅是给传统产业插上科技的翅膀，并且还要充分利用支柱产业作为跳板让科技接续高飞。

（二）发展定位

发展定位要结合国家对区域的定位以及城市（区域）的自身定位。比如，国家中心城市并且是“一带一路”的节点城市，国家赋予它的定位非常关键，要结合城市的基本情况确定数字产业的定位。城市定位不是凭空想象，要在一定范围试点，通过试点探索总结后形成城市定位。

（三）保障体系

加强组织领导，提高站位认识在存在问题里分析过，地方主要领导的认知会决定这件事能不能干、干的好不好。建议主要领导牵头，不断通过会议强化各级干部的认识。组建产业专班，部门协同共进成立专班，一般地，需要地方主要领导当组长，办公室可设立在一个有利于推进工作的部门。成员单位：网信办（大数据局）、发改委、财政局、招商局、工信局、行政审批局、科技局、效能监察局等部门。围绕目标，各司其职，协同推进，全面调研分析，总结存在问题根据发展基础，分析短板，支柱产业如何实现产业数字化。小步快跑试点，确立发展定位先找到几个主题：小范围试点，因为产业升级是牵一发而动全身的；学习互联网思维，通过快速迭代和试错，找准发展定位。政策先行出台，营造发展环境明确定位后，政府要出台鼓励和引导政策，例如聚焦行业政策，包括基础设施的提供（路网水电等），招商条件、落地政策、人才政策、税收政策、奖补政策的出台等等，召开发布会营造发展氛围，并在高级别的峰会论坛亮相进行宣传引导。财政资金保障，做好使用监管财政资金给予相关产业倾斜，负责资金使用的监管，联合发改、督查等部门对效果进行实时动态评估。高效服务营商，督导考核跟进积极推进营商环境的改善和服务升级，强化产业发展的过程监督和事后考核机制。

二、数字经济发展赋能中国式现代化加速推进

习近平总书记在学习贯彻党的二十大精神研讨班开班式上的重要讲话中强调，要“正确理解和大力推进中国式现代化”。习近平总书记还指出：“中国式现代化，打破了‘现代化=西方化’的迷思，展现了现代化的另一幅图景，拓展了发展中国家走向现代化的路径选择，为人类对更好社会制度的探索提供了中国方案。”纵观历史，近现代社会的每一次重大变革，都与科学技术的创新突破紧密相关：蒸汽机技术成就了第一次工业革命，开启了人类社会的现代化历程；电气技术的发展又开启了第二次工业革命，推动了西方国家的现代化。

当前，新一轮数字技术革命正在加速兴起，是加快推进中国式现代化需要把握的关键机遇。发展数字经济，是我国把握新一轮科技革命和产业变革新机遇的战略选择，是助力实现中华民族伟大复兴、推进中国式现代化的重要议题。在此大背景下，有必要深入理解数字技术对于中国式现代化的重要意义，准确把握数字经济发展在推进中国式现代化过程中的重要地位，在数字技术创新、数字社会和数字政府建设、数字生态体系构建等方面全面推动我国数字经济发展，以数字经济发展赋能中国式现代化的加速推进，理解和把握数字经济与中国式现代化的紧密联系。

全面发展数字经济契合国家发展的战略需求，是助力我国建设成为社会主义现代化强国的重要一环，与推进和拓展中国式现代化紧密相关。

首先，发展数字经济有助于推进中国式科技现代化并赋能中国式新型工业化，也是加快建设成为社会主义现代化强国的重要支撑。发展数字经济满足了国家发展的战略需求，这与我国的现代化进程有着密切关系，数字经济

的核心技术涵盖各类智能硬件信息、通信技术以及半导体技术等，当前，各类前沿的数字化技术渗透至传统产业之中，包括区块链、大数据、云计算、人工智能等，用产业化、工程化的方式对传统产业产生了影响，也推动传统农业、工业和服务业向高端化、智能化与网络化转型。此外，数字经济也有助于优化甚至重构市场结构和生态，催生新产业、新业态和新模式，显著提高全要素生产率，同时能够通过降低信息摩擦的方式提升市场效率，为经济增长提供新动能。

其次，发展数字经济有助于赋能中国式产业现代化，是推动高质量发展的重要战略部署。现阶段，我国面临的外部环境严峻复杂，必须加快构建以国内大循环为主体、国内国际双循环相互促进的新发展格局。数字技术可以推动产业链上下游企业的整合，有利于生产要素和资源的快速流动和高水平融合，帮助市场主体重构组织模式，突破地理空间限制，畅通国内外经济循环。数字经济也有助于拉动国内消费，形成国内大循环。在需求端，数字技术的应用能够降低消费者的购物成本，提高匹配效率；在生产端，则有助于助力企业采取个性化定制及柔性化生产的方式，提高供给侧质量。它催生的直播经济、远程办公、在线医疗等新模式新业态，又培养了消费者的新消费习惯，围绕互联网实现的生产和生活需求将逐渐增加，数字经济的巨大发展潜力还将进一步释放。

最后，发展数字经济有助于扎实推进共同富裕，是走好中国式现代化道路的重要举措。数字技术具有促进协调发展和共享发展的潜能，它打破了地理区域空间的限制，更有利于区域的协调发展。例如，农村电商的发展缓解了高质量农产品供需双方的信息不对称，有助于助力乡村振兴。数字技术还可以帮助线上线下产业打通，让传统行业、中小企业等相对弱势的经济主体在发展过程中不掉队。以数字经济发展赋能中国式现代化的加速推进数字化已经成为现代化发展的战略新引擎，是推动实现中国式现代化的新动能。“十四五”规划更是为未来的数字化发展指明了发展思路，还提出了四方面具体抓手，包括打造数字经济新优势、加快数字社会建设步伐、提高数字政府建设水平以及营造良好数字生态。

下一步，需要在以下几方面精准发力，以数字经济发展赋能中国式现代化的加速推进。

1.以数字技术创新赋能经济高质量发展

随着人工智能、大数据、云计算等多种新一代信息技术不断突破，新模式、新业态不断涌现。数字技术已经成为实现数字产业化和产业数字化的重要推动力，有必要建立并持续完善协同创新体系，将高校、科研院所及企业的创新资源有机整合，全面推进数字技术创新成果产业化。此外，以加快实现中国式新型工业化为目标，要整合前沿数字技术与新兴工业技术，并鼓励企业将其深度应用于从研发到生产再到服务的工业全流程，加快发展现代产业体系。与此同时，大力推进专业化、定制化的产业数据服务，驱动数字技术、数据要素和应用场景的深度交融。形成以数据驱动为核心，综合运用人工智能、机器学习、边缘计算等新一代数字技术，推动中国式工业化的数字化转型升级，通过促进数字经济与实体经济深度融合，推动我国经济高质量发展。

2.以数字社会建设赋能中国式新型城镇化

党的二十大报告提出要“推进以人为核心的新型城镇化”，数字经济是推动新型城镇化高质量发展的全新动能。数字社会建设是面向公共服务和社会治理的全面实践转型。当前，我国数字社会建设总体仍有进步空间，建议积极创新数字解决方案，全面推进数字社会建设。以数字化技术指导社会服务模式创新，推动公共服务均等化，早日消除日益凸显的各类“数字鸿沟”，加快缓解人群间、地区间数字化发展不平衡的问题等。

3.以数字政府建设赋能政府治理现代化

习近平总书记多次在公开讲话中指出，要推进国家治理体系和治理能力现代化，数字政府作为“数字中国”战略的重要组成部分，已经成为各级政府拥抱数字化浪潮的重要途径。数字政府建设有助于提升政府的决策能力，增强决策的精准性和科学性。数字政府还能够为政府的公共服务治理赋能，助力实现公共服务的精准供给。此外，数字政府还能在市场监管、社会治理乃至环境保护等领域全面赋能，引导政府完成全方位现代化转型。展望未来，应当坚持将数字政府建设作为政府治理现代化转型的主要载体，推进“互联网+政务服务”在各级各地政府机构中的应用，同时主动探索适合数字经济发展的市场服务体系，努力建设成为治理现代化的“有为政府”。

4.以数字生态体系构建支撑中国式现代化全面推进

良好的数字生态体系能够加速推进数据要素价值化，充分释放数据价值，提升数据要素赋能作用，还能够推动数字产业链协同，全面提升我国数字经济企业竞争实力，为我国数字经济企业国际化、推动构建全球数字命运共同体提供支持。“十四五”规划也曾明确提出要“构建数字规则体系，营造开放、健康、安全的数字生态”。未来应当下大力气加快建设并不断优化完善数字生态体系，推动我国数字经济做强做优做大，助力中国式现代化的早日实现。

三、数字经济发展现实困境应对策略

（一）加快传统产业数字化升级

传统产业在数字化的转型和升级中步伐相对缓慢，导致数字经济的发展尚未完全适应当前的社会发展局势，理念和能力之间都不同步，这也在一定程度上影响着数字经济的发展进度，因此，在下一阶段下，需要助推传统产业的数字化升级，借助于信息技术手段促进传统产业的智能化发展。具体来看，企业方面需要重视数字化经济的发展契机，深入了解数字经济的内涵和特点，提前做好调查和准备，根据消费者的消费需求来制定升级计划，使得数字化能够为自身的发展而赋能。同时，企业还要加大对设备更新、人力资源管理等方面的资金投入，为数字化的转型提供设备、资金和人才的支持。

（二）加强数据安全管理系统建设

为了提升数据的安全管理性能，企业方面还要根据自身的发展特点建立数据安全管理系统，关注安全等级的建设，避免关键数据信息泄漏。具体来看，企业需要从安全防范层面出发，深挖网络信息技术的价值，根据当前企业在安全管理方面的重点和难点建立网络安全防护体系，在这一过程中，需要贯彻落实协同发展理念，建立跨区域协同管理机制，重视数据的安全管理，最大限度降低网络安全风险，保障数字经济基础设施的稳步运行。同时，还要提高员工的安全意识，做好宣传工作，制定完善的安全管理制度，要求员工从自身行为来进行控制，共建数据安全管理系统。

（三）建设数据共享服务平台

考虑到当前数据共享机制相对缺乏，企业方面还需要从这一方面着手，完善数据共享体系，确保数据信息能够得到及时的共享，共促数字经济的发展。对此，企业需要加强与服务商之间的联系，建立统一接口，确保不同企业之间都能够实现数据共享，同时，发挥网络信息技术的作用，建立起全面覆盖的运行体系，扩大数字经济的发展区域。

（四）重视专业人才培养

培育优质的专业人才，这也是促进数字经济发展的重要途径。但是在发展进程中，专业人才的建设也出现了一些问题，因此，企业在转型过程中，需要将更多的精力放置在人才培养上。首先，要优化人才培养体系，根据企业的资源和实际情况提高员工的各项技能，使员工具备数字技术研发、数字安全管理等方面的能力，并邀请相关专家参与技术指导；其次要优化人才引进体系，不断提高人才的准入门槛。

总而言之，在新经济的发展局势下，大力发展数字经济是实现新时期经济增长的有效途径，在信息技术的迅速发展下，各类新理念、新技术的诞生让数字经济迎来了全新挑战。目前，制约数字经济发展的影响因素有数据共享机制不足、专业技术人才缺乏等，为了促进产业的数字化升级，要重视数据安全管理体系的建设，加强人才培养，为数字经济的发展奠定基础。

参 考 文 献

[1]白思锐.数字经济发展对服务业结构升级的影响研究[J].产业创新研究，2023（06）：1-4.

[2]曾燕.数字经济发展趋势与社会效应研究[M].北京：中国社会科学出版社，2021.01.

[3]钞小静，王宸威，薛志欣.数字经济发展水平的测度：基于国际比较的视角[J/OL].西北工业大学学报（社会科学版）：1-14[2023-05-12].http://kns.cnki.net/kcms/detail/61.1352.c.20230505.1156.004.html.

[4]陈静，王明秀.数字经济对生产性服务业高质量发展的影响研究[J].上海节能，2023（04）：434-441.

[5]陈腾鹏，陈松洲.中国数字经济的发展现状与发展趋势分析[J].肇庆学院学报，2023，44（02）：55-65.

[6]陈煜波，马晔风.数字化转型 数字人才与中国数字经济发展[M].北京：中国社会科学出版社，2020.

[7]成卓，刘国艳.面向大数据时代的数字经济发展举措研究[M].北京：人民出版社，2019.

[8]董松涛.数字经济发展对我国就业总量与就业结构的影响效应研究[N]. 山西科技报，2023-04-13（A06）.

[9]杜国臣，李凯.中国数字经济与数字化转型发展[M].北京：中国商务

出版社，2021.12.

[10]方腾高.数字的魅力 基于统计视野的浙江经济社会发展研究[M].杭州：浙江工商大学出版社，2014.12.

[11]龚勇.数字经济发展与企业变革[M].北京：中国商业出版社，2020.11.

[12]胡子轩.关于我国数字经济健康发展的若干思考[J].安康学院学报，2023，35（02）：125-128.

[13]江胜蓝.以数字经济的高质量发展赋能共同富裕示范先行[J].政策瞭望，2023（03）：42-45.

[14]金江军.数字经济引领高质量发展[M].北京：中信出版集团，2019.09.

[15]孔庆景.数字经济驱动经济高质量发展的路径——基于流通业发展的理论分析和实证检验[J].商业经济研究，2023（06）：115-118.

[16]李丹，王珩.乡村数字经济新业态发展机理与路径研究[J].农业经济，2023（04）：47-49.

[17]李宏兵.我国数字经济发展的劳动力市场效应研究[M].北京：知识产权出版社有限责任公司，2021.09.

[18]李瑞.数字经济建设与发展研究[M].北京：中国原子能出版传媒有限公司，2022.03.

[19]李姗姗.推动数字经济与实体经济高质量融合发展研究[J].中小企业管理与科技，2023（07）：143-145.

[20]刘茜，楚楚，谷亚停.数字经济对城乡融合发展的影响研究[J].河南科技学院学报，2023，43（05）：52-60.

[21]刘西友.新治理 数字经济的制度建设与未来发展[M].北京：中国科学技术出版社，2022.03.

[22]芦婧.数字经济发展对城乡居民消费差距的异质性影响研究[J].商业经济研究，2023（06）：39-42.

[23]陆靖，张鑫祺，石元正.数字经济下的产业融合与发展[J].产业创新研究，2023（08）：16-18.

[24]陆岷峰.数字经济时代产业金融高质量发展路径研究——兼论数字产业金融发展模式[J].广西社会科学，2023（01）：145-153.

[25]陆生堂，卫振中.数字经济时代下企业市场营销发展研究[M].太原：山西经济出版社，2021.08.

[26]毛丰付，娄朝晖.数字经济 技术驱动与产业发展[M].杭州：浙江工商大学出版社，2021.05.

[27]其实.进一步推动数字经济高质量发展[J].上海人大月刊，2023(04)：31.

[28]秦凤凤.数字经济促进文化产业发展的机理与实现路径[J].中小企业管理与科技，2023（05）：151-153.

[29]秦荣生，赖家材.数字经济发展与安全[M].北京：人民出版社，2021.08.

[30]秦晓鹏.基于大数据背景下的数字经济发展分析[J].现代商业，2023（07）：47-50.

[31]石小岑，陈昱帆.数字经济场域下农村经济高质量发展的路径探析[J].中国集体经济，2023（12）：13-16.

[32]数字经济促进高质量发展联合课题组.创新驱动发展 数字赋能未来 中国数字经济发展的实践[M].大连：东北财经大学出版社有限责任公司，2022.06.

[33]斯丽娟.数字经济推动区域协调发展：理论逻辑与实践路径[J].理论与改革，2023（02）：73-85+150-151.

[34]宋尚文.新时代数字经济如何引领城市经济高质量发展[N]. 科学导报，2023-03-28（B02）.

[35]孙宝文，欧阳日辉.让数字经济与高质量发展同频共振[J].经济，2023（04）：60-64.

[36]孙亚南，荣素红.数字经济提升经济韧性发展路径探析[J].经济研究导刊，2023（06）：25-28.

[37]田艳平，向雪风.数字经济发展、阶层向上流动与中等收入群体扩容[J].南方经济，2023（04）：44-62.

[38]王定祥，胡建，李伶俐，胡小英.数字经济发展：逻辑解构与机制构建[J].中国软科学，2023（04）：43-53.

[39]王建冬，陈建龙.迈向数字经济：中国信息服务业发展路径研究[M].北京：社会科学文献出版社，2019.11.

[40]王凯.数字经济发展赋能智慧城市建设探究[J].商展经济，2023(08)：149-151.

[41]王艺霖.数字经济发展现状与展望[J].当代县域经济，2023（05）：72-75.

[42]向超，包丽平，王小华.数字经济与农村经济融合发展：理论关照、政策检视与实践路径[J/OL].广西师范大学学报(哲学社会科学版)：1-15 [2023-05-12].https://kns.cnki.net/kcms/detail/45.1066.C.20230510.1011.002.html.

[43]肖亮.卓越流通 数字经济时代流通业高质量发展与浙江经验[M].杭州：浙江工商大学出版社，2020.10.

[44]肖雄.我国数字经济发展现状与策略研究[J].经营与管理，2023(05)：172-178.

[45]谢京辉.以数字经济赋能 促进品牌高质量发展[J].上海质量，2023（04）：7-10.

[46]徐康宁.世界数字经济的发展格局与基本趋势[J].人民论坛，2023（06）：85-89.

[47]徐晓东.浅议标准数字化对数字经济发展的作用[J].品牌与标准化，2023（03）：13-15.

[48]杨承佳，李忠祥.中国数字经济发展水平、区域差异及分布动态演进[J].统计与决策，2023（09）：5-10.

[49]杨守德，张天义.数字经济时空分异与都市圈一体化发展研究——基于流通效率和产业结构升级的链式多重中介效应分析[J].云南财经大学学报，2023，39（04）：1-16.

[50]杨淑勤.数字经济下我国制造企业发展对策探究[J].国际商务财会，2023（05）：82-85.

[51]姚毓春，张嘉实.数字经济赋能城乡融合发展的政治经济学分析[J].内蒙古社会科学，2023，44（02）：117-125+213.

[52]姚毓春，张嘉实.数字经济与城乡融合发展耦合协调的测度与评价研究[J].兰州大学学报（社会科学版），2023，51（01）：54-67.

[53]余海蓉.数字经济背景下企业的数字化转型及融合发展研究[J].商展经济，2023（07）：152-154.

[54]张思思，马晓钰，崔琪.可持续发展、数字经济与经济韧性互动关系的统计检验[J].统计与决策，2023，39（05）：92-97.

[55]张雪芳.数字金融驱动经济高质量发展路径研究[M].长春：吉林大学出版社，2022.06.

[56]张勋，万广华，郭峰.数字金融 中国经济发展的新引擎[M].北京：社会科学文献出版社，2021.09.

[57]周敏. 创新驱动数字经济建设 赋能高质量发展[N].汕头日报，2023-05-10（001）.